冬游云南

DONG YOU YUNNAN

云南·恋恋四季

半　夏◎著

云南出版集团
云南人民出版社

图书在版编目（CIP）数据

冬游云南 / 半夏著. -- 昆明：云南人民出版社，2017.12
（云南·恋恋四季）
ISBN 978-7-222-16798-8

Ⅰ. ①冬… Ⅱ. ①半… Ⅲ. ①旅游指南 - 云南 Ⅳ. ①K928.974

中国版本图书馆CIP数据核字（2017）第304400号

策 划 人：李　维
出 品 人：赵石定
项目统筹：陈浩东
责任编辑：陈浩东　熊　凌
责任校对：苏　娅
责任印制：马文杰
设计制作：博　然

冬游云南
半夏 著

出　版　云南出版集团　云南人民出版社
发　行　云南人民出版社
社　址　昆明市环城西路609号
邮　编　650034
网　址　www.ynpph.com.cn
E-mail　ynrms@sina.com
开　本　889mm×1194mm　1/24
印　张　6.75
字　数　80千
版　次　2017年12月第1版第1次印刷
印　刷　云南出版印刷（集团）有限责任公司
云南新华印刷一厂
书　号　ISBN 978-7-222-16798-8
定　价　36.00元

云南人民出版社微信公众号

如需购买图书、反馈意见，请与我社联系
总编室：0871-64109126　发行部：0871-64108507　审校部：0871-64164626　印制部：0871-64191534

目录
CONTENTS

目录
CONTENTS

目 录
CONTENTS

前　言

冬季到云南干什么？

冬季到云南晒太阳！冬季到云南闻花香！冬季到云南看天蓝！冬季到云南泡泉汤！

自冬至开始数九的三九天，正是昆明梅开腊月，天气回阳时节。

在昆明的冬天里，只要是晴日，我喜欢走在和煦的冬阳里翻晒心情，好让抑郁的旮旮旯旯里照射进现实的阳光。

在云南过冬，基本可以向熊和蝉学习冬眠，斗志昂扬的姿态舒缓下来，生理的节律放慢。在云南过冬，除了上班为稻粱谋，最美三件事：阅读、漫步、逛街。

阅读吧，最好背对着冬阳或围着炉火，让情和思在书页这个跑马场上遛遛弯儿。漫步吧，以锻炼的名誉以让骨头不生锈为理由，走出家门，一路发发呆一路看看景。逛街吧，在沿途橱窗玻璃里不时地照照自己的身影，然后抖落一年的辛苦、疲倦和累赘，犒赏一下自己。掏出钱包给自己舍舍得得买两样心爱之物。过了这一冬，春天就萌芽。

开始写这本书之前，作为一个媒体人，我反刍了一下，有几篇策划文字要在这里抖个草：

《墨江，太阳转身的地方！》——太阳的北回归线穿墨江哈尼族自治县县城而过，1999年这篇五六千字的人文地理稿件第一次把一个文人过墨江时脚跨北回归线喝一碗所谓的阴阳水生双胞胎的臆想发布在创办不久的《大观周刊》上，这段发岔的臆文在这之后直接成为有经营头脑的文化旅游商人炒作墨江国际双胞胎节的源起，而我再也没去过墨江。

《昆明，一座可以分享的城！》——昆明市委宣传部与《中国青年报》合作宣传云南的约稿，后《今日中国》以6种语言翻译，后变成《昆明的慵懒时光》一书的序言，某宣传昆明的微电影的主题词。

《到沧源，燃烧激情！》——2005年《大观周刊》一本以此为名的特刊直接把3万外地人引诱到小小的沧源县城，挤爆沧源，“摸你黑”大型佤族同胞发明的狂欢节由此名声远扬。

这些句子，有的镌刻在高速公路的偏坡上，有的四处转载一再刊用，有的直接像个大喇叭引诱着外地人去游玩。今天想起来，是有点工作成就感的，但从本心讲这远远抵不上“云南”这两个字，云南这方水土给予我的厚爱。

一句标语一句口号，叫响了，那宣传力度是不可估量的。广而告之，广而传之，云南之美需要热爱它的人集体的呵护与珍惜！

外省人冬天来云南都要到城中心的翠湖畔或者草海大堤上去喂海鸥，游客欢快地给从遥远的西伯利亚飞来越冬的海鸥喂食的照片年年冬天都满天飞，因而我写云南之冬不想再在这上面过多着色。

父母家在滇池草海大堤旁，父亲在世时，出大太阳的日子，腿脚不便的老父亲只对着我们嚷嚷一个字：走！走！

走，就是外出走走逛逛！牵他外出晒太阳，84岁年纪的他比个孩子还高兴。湖面刮来的风很大，他的眼只好眯起，但他的笑声比挂在树枝上风吹动的枯叶的声音还脆……我们家那个小区很多来云南旅游的外省人买房入住，他们像候鸟一样选择来云南过冬。

生于云南昆明的著名诗人于坚在他的一本书里表述过这样的意思：西藏是一个有神性的地方，精神生活是第一位的；云南是一个海拔介于沿海地区和西藏之间的所在，不像沿海那么物质功利，它适于人栖居过平常日子。于坚的分析颇有道理，由此我们可得出云南人包容宽厚的脾气性格之人文地理原因。

说云南，有一脉历史的线索自然而然地穿插，串联——

彩云之南，三迤大地，数千年往事，叹滚滚英雄。古汉习楼船，唐标铁柱，宋挥玉斧，元跨革囊，创下开滇伟烈丰功。近代重九起义，石龙水电，路开滇缅，机航驼峰，领一代风骚。今日有色金属王国，民族文化大省，香格里拉名震中外。

当年诸葛亮入云南捉孟获，进得云南境地，竟连连感叹云南是不毛之地，落后蛮荒，他所说的“不毛”是指这地方不种五谷不事稼穑。之后有皇家科举状元杨慎被贬云南，杨状元到得云南后却连连惊叹云南的得天独厚，什么不毛之地，在杨状元的眼中云南气候风调雨顺、植物茂盛、花木葳蕤，这样美丽神奇的地方是可以终老一生的。不同的人生角度体验云南竟然就得出了如此悬殊的印象。

也许当年杨状元的窃喜是一个始端，从此外来的人开始晓这方水土的好，开始分享云南的美丽。

除了分享它的自然，阳光、蓝天、白云、鲜花，更可找寻它的闲适、自在和风情。

历史学家说：云南是人类的发源地，170万年前元谋有原始人类的活动，数亿年前澄江帽天山有生命演变爆炸的迹象。云南是史前生命的摇篮，看看沧源崖画上的神秘符号吧。

民族学家说：云南少数民族众多，民族风情别具，阅尽人间万种风情，这里的人文风光眯花你的眼，看看怒江边的澡塘会吧。

地理学家说：云南为什么十里不同天？印度板块和太平洋板块在这里碰撞出横断山系，高山大川把这块土地割裂分开，于是这里酝酿滋长出了不同特色的风土人情，相差甚远的生活习性和文化方式——在《从头开始的风情》和《在勐巴拉娜西的阳光下深呼吸》里……

诗人说：这里的蓝天像大海一样醉人，这里的白云真的可以用手摘一朵，这里的红土地有画家凡·高内心的热烈情感……

摄影家说：这里的山水有自然的造化，也有人类对大地的雕塑，这里的美人巧笑倩兮，闭月羞花沉鱼落雁的矫饰美女在这里敌不过山野的一朵小花，山野的一朵小花都会摇曳生姿。自然的美生长在她们露齿一笑的脸上，生长在她们浓密的发辫里，生长在她们麦色的肤质里，生长在她们环佩叮当和艳丽多彩的衣饰里，看看云南的各民族吧。

旅游者说：蓝天白云高山大川民族风情人文地理都撞入我的眼帘都抵达我的内心，可是临走时我实在舍弃不了的是这里的花儿，斗南花市我去了，尚义街那流淌着的800米诗意浪漫花市我去了，花海的云南我怎可搂尽抱完？

四时花不谢，八节草长青。

二月圆通樱花竟自成潮，微风中花瓣飘零为诗意的花瓣雨；三月罗平数十万亩金色的菜花招蜂惹蝶；四月怒江沿岸火红的攀枝花红艳如火；五六七月八九十月云南的大地芬芳弥漫，春夏秋冬四季杜鹃花，姹紫嫣红，千姿百态，艳如血，灼如火，灿若云霞，花潮翻滚；五尺道上有一树树先雪的梨花千百年来陪伴着孤寂的马帮队伍，让他们在连年的驮运生涯中察觉季节的更替变换，驿路上横斜的一枝梨花绽放的蜜香和诗意或许柔软地让一个汉子陷进对远方情人的无穷思念里。

四季都有的百合、康乃馨、玫瑰带着晨露飞往世界各地。

杨柳丝丝弄轻柔，烟雨织成绸，海棠未雨，梨花先雪，云南的早春在千村万寨的田间地头苏醒发芽；云南的初夏在一畴畴水田那天光云影的徘徊中蒸腾，在打秧鼓和喊谷魂的声音里炽烈；云南的初秋在稻花甜香中催生变成金黄；云南的冬天在黑颈鹤舞动高原的蹁跹舞姿里，在西双版纳凤尾竹摇曳的飒飒声中……

而我这本书只说云南的冬天。如是这般，我仍可如数家珍地给你来数宝——数九寒冬月，云南的花仙子是另一种意义上的花，它可能是滇西北迪庆丽江是滇东北大海梁子上空漫天飞舞的雪花，是蓝天下冰清玉洁的玉树琼枝，是湖畔鹤舞高原的空灵，是浓艳的醉了作家杨朔的山茶花，是怒放的冬樱花，是温润的蜡梅或者是清澈的抚仙湖水里那干净得几至透明的桃花水母……

来到云南的人在离开云南的时候，他们留下影像留下足迹留下美好的回忆，可是他们一定要怀抱一束鲜花——嗅着它的芬芳满意地离去，完成他们在云南的一趟神奇的芳香之旅。没有什么比花儿一夜盛开的姿态更让他们流连，没有什么比云南十里不同天的生态和谐更让他们反刍咀嚼，何况他们一次次进入云南，自昆明往不同方向去都有截然不同的惊讶和收获。

滇东北的昭通、曲靖对我来说就是云南的北方，我在这里生这里长，这里的冬天有鹤舞高原——

云南之北

雁鹅！雁鹅就是黑颈鹤！

我15岁那年，离开出生地会泽铅锌矿往曲靖读高中。

1982年我读高二，那年的寒假回家过年，我在阳台上发现了捆扎成一撮的灰色鸟毛，那鸟毛不像平时山民打来卖的野鸡毛。

昭通大山包黑颈鹤自然保护区

我好奇地问我爹：“我爹，这是什么鸟的毛？”

爹说：“雁鹅毛。月前我在街上花两块钱买了一只大雁鹅。雁鹅的肉其实一点儿不好吃，煮不烂嚼不动，肉质柴得很，味发酸，吃不成。我让你妈腌一块留给你放假回来吃，她背着我把剩下的肉全丢了。”

◆ 黑颈鹤

我以为爹说的雁鹅是那种秋天从北方飞来南方过冬的鸿雁或者是天鹅一类的鸟，便跟爹开玩笑：“那不是癞蛤蟆吃着天鹅肉了？！”

谁知道呢，多年后，我才知道家人吃的是世界珍稀鸟类黑颈鹤的肉。

离我家三四十里远的西边山那头有一个叫长海子的高原湖泊。有一天，长海子忽然被核定为黑颈鹤的特有栖息地。

当地人一直都把黑颈鹤称作“雁鹅”。

黑颈鹤是一种特别珍稀的鸟类，生活在高海拔地区。据说全球仅有几千只，每年的秋冬季它们都从青海迁徙到云南的一些高原湖泊来过冬。昭通的大山包，曲靖会泽的大桥乡水库（现称念湖）、者海乡长海子，滇西北丽江的拉什海、香格里拉纳帕海等地都有它们的影子。

县上乡里经过反复的宣传，告诉长海子附近栖居的山民雁鹅就是黑颈鹤。黑颈鹤数量很稀少的概念渐渐为当地人所熟知接受。后来对擅自捕猎者施以重罚，情节严重者逮捕法办。

长海子的黑颈鹤被专人看护起来了，它们甚至每年都吃上了国家专门划拨的口粮。每天都有专人给它们投喂苞谷等粮食，再也没有人敢捕猎雁鹅了，当地农村的小学生都被教育成了环保卫士，从他们开始，当地人也不再称黑颈鹤为“雁鹅”了。

每年秋冬关于黑颈鹤的消息见诸报端时，我都忍不住讽刺我爹两句：“什么都敢乱吃，竟然吃了黑颈鹤的肉！这事最好悄悄的莫让别人知道，怪羞人的。”

我爹就忙申辩：“不知不为过，以前不晓得那是保护动物嘛，当年那个卖黑颈鹤的农民好可怜，我中午下班回家在小街上就看见那只大鸟了，它是翅膀受了伤，很多人看热闹，那农民开口要8块钱，有人给他6块钱他没卖。等我下午下班回来，那农民只开口要4块钱了，我一还价，两块钱就买下来了。当时那大鸟恹恹地站都站不住了，趴在地上快死了，它一死便一文钱不值只能扔掉，两块钱够那个农民称十一二斤盐巴了！山民背一篓松球来卖也只是赚个两三角钱，那时1斤盐巴就1角7分钱呀！”

◆ 黑颈鹤

我爹讲述的那种生活的艰难我后来在昭通作家夏天敏写的小说里再次读到。那篇小说的名字我记不清了，但有个故事情节还记得：一个农妇为了让她的孩子填饱肚子，竟然去偷上级划拨到村里来的黑颈鹤的口粮，那伤感的故事让人嗓子眼发哽。

黑颈鹤栖息的那块土地我很熟悉，自然条件差、气温低，当地农民无论怎样辛苦劳作也是广种薄收，高寒山区的土地能生长出来的只是蔓菁、苦荞麦、洋芋、苞谷。黑颈鹤落脚的地方其实都不太适合人类居住。

我后来发现生命之间，比如人与人之间，人与动物之间，人与树之间，树与树之间，动物与动物之间有时是一种依存关系，有时又会彼此排斥。最后生命之间、生命与物之间，统一在时间和空间关系的牵制和框架里，形成一个相互妥协的平衡。

黑颈鹤出没的地方总是有一种在水一方的凄美感。也许，关于黑颈鹤我的思绪飘得远了点，我其实更多地想到那些大鸟在风中的舞姿、水边的倩影、天空里羽翅伸展开时的美丽……

我想起它们“咕嘎”“咕嘎”的叫声，便想起“风声鹤唳”一词营造的惊慌……

就在一去不复返的年代里，我在紧张中长大了，如草木打花苞，舒展，开开。

念湖，念念一刹那

一念起，万水千山；一念灭，沧海桑田。

一念起，天涯咫尺；一念灭，咫尺天涯。

“念”，深情的一个字，“念念”，梵语智慧里的“刹那”。

念湖，这名取得好听，它直接改变了一方水土上那些人那些候鸟的命运。

念湖是现在对这片水域的称呼，原本它不叫念湖。“大跃进”时代修的“跃进水库”给它戳了一个过往时代的烙印，但今天这烙印消失了，有谁还会叫它“跃进水库”呢?

念湖因为名称的改变，并随着越来越多驴友的到来，在这样一个网络的时代，开始它的声名远播。

◆ 观鸟者守候在念湖

◆ 念湖鸿雁

在外地工作生活的老会泽人忽然看见爱好摄影的驴友发的文图都会很讶异地问：会泽有这样一个地方？那么多种类的候鸟一到冬天便飞来，这个水汽氤氲神秘梦幻的仙境在哪里？它叫念湖？

首次听说“念湖”并从图片上看见它的美丽景色时，我心下有点自责，10多年来在一本彩版杂志供职，从编辑做到主编，为何就不曾听说云南有这样一个地方？当知道它在会泽时我更无法原谅自己，因为我在会泽生会泽长，长到15岁啊！

谁想得到一个相对落后偏僻的地方藏着这么个美丽的湖泊，它水色澄碧，山色空蒙，秋冬季迎来北方最珍稀的大鸟黑颈鹤。它静如处子，浓妆淡抹相宜，这里的人与鸟和谐相处，天人合一之欢一直延续。

后来，我忽然间想起10多年前，我的同事，云南著名摄影家任琴女士曾跟我说起的事：会泽大桥乡的一个小学老师王高祥多年来一直坚持业余时间拍摄大桥乡跃进水库的珍稀候鸟黑颈鹤。所拍的片子得到摄影家们的夸奖，某外国著名摄影器材商赞助其一套高档摄影器材，鼓励他的环保行为。后来王高祥老师拍鹤及教育当地的孩子们爱鸟护鸟的事迹被采访上了《大观周刊》。印象里王老师是在大桥乡水库边教书，他拍的片子我印象很深——农人在红土地上犁地耕作，旁边竟然有大鸟黑颈鹤怡然自得地相伴，就着刨一点地里的食吃，照片背景里有水光盈盈一片。大桥乡跃进水库会不会就是现在的"念湖"？

思维一搭链，嘿，还真就是王老师在的那个地方。跃进水库被有心人给了它一个名字，叫"念"，据说已被民间人士演绎成一段爱情故事。

2014年11月21日，我的念湖之行得以成行。策划了两个月的此番旅游一直在等待一个好的时机。朋友托念湖畔的当地朋友负责观察鸟情，时间一天天过去，终于等得黑颈鹤来了百把只的口信。

◆ 如梦如幻的念湖

念湖地处曲靖会泽大桥乡和昭通交界处，是国家认定的大型黑颈鹤自然保护区。黑颈鹤这种大鸟全世界的所有种群加在一起只有几千只，当地政府非常重视黑颈鹤栖息地的生态保护。水库摇身成为念湖，由于地处高海拔山区，又划为自然保护区，俨然天生的高原湖泊，得其恩泽，当地的气候生态环境得到很好的改善。现在每年的11月份到来年2月份，大批的黑颈鹤、大雁南飞来此越冬。

在大桥乡镇上一农家乐式的宾馆住了一夜。第二天天未亮，五点钟起床集合乘车前往念湖观鸟拍鸟。

因为头一天玩得太累，我梦头梦脑地跟着大家到了念湖的土坝上。到达时，湖畔已有众多外省慕名而来的摄影爱好者支好了拍摄用的三脚架，一排“长枪短炮”等着鸟儿们醒来。念湖的名声果然了得。

东边的天白了一点，在水一方，依稀仿佛，氤氲飘荡着一团一团雾气。我忽然幻觉我还在梦里，或者说是刚做完一个梦，又重新接着做起另一个梦来。

太阳从远山后面破云层跳出来了。天上，暖调的彤云把远一点的天空染上一抹粉紫和银灰。这色调和水面上灰蓝的水雾，把我的梦弄得更加深沉。梦境幻如仙境的感受叠叠加加仿佛成了真的一样。

放眼，周围是静谧的山林轮廓，村舍人家的炊烟与云雾混合。湖里喜水植物挺立，岸边水草摇曳，一派白雾缭绕的迷蒙中，任何角度看去都是一幅幅流变的水墨大写意。置身其间，我似是在梦游。顺着土坝往人少的地方去，凝神静气，神清气爽。水那方的小岛上，传来鸟儿们苏醒后的欢鸣，传来羽翅“扑棱棱”扇动的声音。

真是有幸，这次往念湖竟然见到了把念湖鹤舞高原之美最先推向世界的王高祥老师。这天他扛着他的超大相机镜头也来拍鸟。我尾在他后面跟他聊开了，从我们刊物10多年前对他的报道说起。王老师说话声音轻声轻气，为了不惊动湖面的水鸟我自然也跟着压低了话音。问了王老师N多问题。这黑颈鹤集体起飞去哪里找食？国家拨钱给人负责投食么？下午几点飞回来？

王老师告诉我他拍鹤有整整21年了，现在还在大桥乡李家湾小学当老师，他们学

◆ 鸿雁

校的孩子都是生态环保的小志愿者。

王老师是一星火焰，星星之火可以燎原，他的影响力持续放送，这是对桑梓地会泽的回报。

没有经验，也因为所带拍摄器材还不够专业，扛了三脚架背了大相机包爱好摄影的先生与一字排开的众摄影爱好者在土坝上等候观鸟拍鸟，却在鸟群突然起飞时错过良好机会，最终都没抓拍到好的鸟图。

我一旁享受这仙境的美，顺带用手机抓拍到一张清楚一点的，它们不是鹤，是鸿雁，正飞越我头顶上方。

这天，隔水望黑颈鹤，我的肉眼所见还是想象中的仙鹤，我只是在王老师那小钢炮式的定焦镜头里看见它们，它们在湖中岛上走动扇翅，自在得很，风姿绰约，姿容高贵。我因此对“鹤立鸡群”这个成语有了直观而深入的理解。

鸟儿们飞向远处去觅食了，太阳金灿灿地照拂着我们。湖面的水雾散了，世界清朗。我们集体从仙境般的梦幻里走出，聊发少年狂玩起了空中飘移，拼命地向上蹦跳，做出各种鸟飞状。我肉身沉重，奔跑起跳几次才稍稍离地一点。飞翔一直是人类的梦想，但终是坠落，因为人类生不出一副舒展的翅膀。人类一向身重，心更重。

念湖上空此时什么痕迹都没有，鸟却已飞过。我的心追随着仙鹤和大雁飞，飞向远方。

这天印象最深的是回程途中从车窗里回望念湖，竟然肉眼看见独一只大鹤在波光粼粼的水面上凌波微步的仙姿，等点开镜头对着湖面，它早没了影。这一切难道是我的幻想？也许，在念湖有一个梦是永远醒不过来的。

念湖，此番我从睡梦里醒过来后直接跌入你制造的梦境。从此我对你念念不忘，像一个爱的痴恋者，再难走出你的梦境。

念湖，心念心恋之湖，念念不忘之湖。

念湖，再见！

我，还会来看你。

◆ 娜姑古镇

滇铜京运自东川府出往遥远的帝京经过的第一个古道驿站是娜姑古镇，有人南来北往之地除了汇聚财富，也有不同信仰的融合，娜姑是彝语地名——

娜姑，娜姑不是一个美人……

我与你咫尺天涯……去娜姑的路上，左边有条小河，它有个很好听的名字，叫“以礼河”，以礼，我按字面理解，还它以礼。以这条河名命名的以礼河水电站20世纪50年代建成，保障了我的出生地会泽铅锌矿的电力供应，在中国的水电史上可歌可颂，是当年中国第五大水电站，人工筑就的土坝曾是亚洲最大的。

这个新年，在孙庆林先生的积极鼓捣下，会泽还乡团终于出行。孙先生是我们一党爬山朋友中的老大，爱好音乐，弹一手很好的古典吉他，他曾在80年代的某夜为我的一个女朋友与她中意的男朋友弹了一整夜的吉他，我女朋友的男朋友是孙的好朋友，那一夜一男一女正在催生爱情，孙先生的手都弹爪了。孙先生也曾在某年的某个仲秋夜在昆明著名文物保护地真庆观里怀抱吉他给我们弹唱，记得当时我兴奋地跑上那大院的古戏台载歌载舞，而一伙人在夜间出没于文物古迹真庆观，在我看来仿是一伙北京人随便就进了故宫瞎走乱窜似的，这又沾了文物拍卖公司赵总的光，当年他们的文物拍卖现场就在那古观大院里。

孙先生跟我们一起度过的美好时光多了，可他在去年突然回了会泽。孙先生来到昆明再回会泽并不悲壮，因为他是被提拔了，何况会泽是孙先生的故乡，他着实爱着会泽老家。孙先生的家安在昆明，媳妇在昆明工作儿子在昆明上学，他一走就造成了我们现在只能在周末偶尔见下他的局面，孙先生说我们该去会泽走走，关键是去看看他。

我也是会泽人哪，去会泽永远不需要理由的。好在现在昆明到会泽是全高速，开车只是两三个小时。

元旦一早9点出发，到中午我们便与孙先生共进午餐了。

吃了饭到孙先生会泽的新家喝茶，喝了一歇，我坚决要求去娜姑。娜姑是会泽的古镇，中心地也叫白雾村，白雾村是孙先生的老家，他在那里生那里长，他的姐弟兄妹如今还在那里生活。去娜姑是我此番会泽行的第一个目的地，去娜姑是我多年的梦想。

会泽是云南的一个大县，地处滇东北，我真正的出生地在离会泽县城四十来千米的者海坝子，那里是曾经的会泽

◆ 娜姑老宅

◆ 晨光中的娜姑古镇

铅锌矿，现在上市的驰宏锌锗股份有限公司所在地。我并没在会泽城生活过，也不熟悉娜姑这个滇铜京运的第一站。

这些年开车到会泽旅游的人越来越多了。会泽游热起来与我的老师、作家张庆国先生写会泽的那本书《乌蒙会馆的发现》联系紧密。可是一些拿着这本书跑到会泽去的人却有些许的失望，作家之旅那么丰富，可亲眼看见的却是一些难以找寻的残损痕迹。也许多年写小说的经历使作家养成一种散漫而随心所欲的习惯，所以他的调查和采访中经常出现偶然事件和意外，书中的某些篇章和段落便有了一定的戏剧性色彩，也许作家并不希望把自己打扮成地方史专家，从姿态上，他是与读者一道进入会泽城的，一道感慨和惊喜，一道站在会泽城的小街上傻乎乎地笑。

当我从车上下来，穿梭在娜姑古镇的旧街上时，我确也傻乎乎地笑了。当我与三圣宫庙堂里那些坐在石阶上晒太阳的长者们合影时，当我看着村子里的青壮年合力在树立那“仁义礼智信”的石碑时，我看见了传统埋在娜姑镇地下的那截老根苏醒复活了，冒出土来，又发了芽。

孙先生说三圣宫是白雾村的政治文化中心，他在三圣宫改建的小学堂里读的书，他的父亲、他的爷爷都在那里读的书。

穿行在娜姑古镇白雾村的街巷里，见到几处屋脊隆起的残垣断壁，见到一只黑猫在墙头晒太阳，财富堆聚过繁华旧梦的娜姑有如那黑猫一样寂寞。

然而，我看见了一群男人在做一件事。有人在竖碑，一旁还有人在拌水泥沙灰，镌刻在石头上的字是“仁”“义”“礼”“智”“信”。村子里的长者们咂着烟锅在一旁观望指点，青壮年们合力把碑立了起来。仁、义、礼、智、信，人们终于明白有些被损毁的东西现在得重塑。

当我捧着白雾村一块钱一碗、天下最好吃的豌豆凉粉时，我倒是悟到了一点：有美食的地方一定是繁荣过的地方，因为那味道经南来北往的刁嘴挑剔过，是各地美食的淘选和荟萃，有历史底蕴的地方一定有美食。

会泽是绵绵乌蒙山群中隐着的一座古城，两千多年来，云南会泽（古东川府）在中国大地上举足轻重，运铜的马帮络绎不绝，娜姑古镇是运送财富的重要起点。明清时，云南产铜占全国的80%，东川府是中国名副其实的铜都。东川府的铜，每年额定

◆ 白雾村全景图

600万斤，运交京师专供宝源、宝泉两局铸币，称为“京运”。京运之铜或先集中娜姑，或先通过娜姑陆运到昭通，转运四川泸州，沿长江东下扬州，顺运河水陆兼行北上京师。南铜北运，运距之长，运量之大，持续时间之长是世界古代史上所罕见的，于是这座古镇自然曾经有过繁华旧梦。

因铜而生、随铜而逝的千年古镇娜姑，因“滇铜万里京运第一站”而成为明清时期中国版图上的一个经济重镇。当年的娜姑是非常繁华的，客栈、酒楼、妓院、赌馆、粮店、油行、糖行、轿行、花生行、丝绸铺、银器铺、马鞍铺、铃铛铺、典当铺样样都有，文官武将、富商大贾、贩夫走卒、矿工匠人不绝于道。还有各省前来押运、采购铜的官员、商人常驻于此，建起了各省的会馆、庙宇，接待本省同乡，供奉着本省神祇。湖南、湖北、江西、福建、广东、陕西、四川、贵州等省以及湖南的保庆府、江西的临江府、陕西的吉安府等都在会泽设立过会馆，至今仍有迹可循。就连洋人都跑来此传教，建起了教堂。据说单是娜姑一镇，竟有20余座古代的会馆宗庙。

穿街走巷，一些铺面关张了，我想象着曾经有女人在铺子里笑盈盈的，一定的。在娜姑待到太阳西斜，我在一拐弯处与一头正在吃草的老牛在这光影里相遇，我与它来了张合影，后来看被拍画面逆着光，却自有一层朦胧的暖意。

娜姑位于会泽城西部，距县城32千米与东川区及四川省会东县隔水相望，系滇、川两省交界的乌蒙山区腹地，是云南省首批公布的历史文化名镇。“娜姑”二字是彝话译音，她并非字面之意是个妖娆女子，娜姑的意思是黑色的土地。云南是红土高原，黑土则是肥土，按这个理解，娜姑镇一带，从前大概是农户喜欢的地方，地肥人旺啊。

娜姑，娜姑啊，她不是一个美人，她是一个古镇，财富在娜姑堆聚过一段繁华旧梦。

孙先生告诉我会泽县有3个大坝子，最大的正是我的出生地者海坝子，第二大是会泽县城所在的金钟坝子，第三大就是娜姑坝子了。娜姑这里海拔低，气候温和，整个坝子在这冬月间竟然一派绿油油的样子，冬小麦和蚕豆苗等蔬菜长势良好。而会泽城所在的金钟坝子还干着枯着黄着。

这次回会泽没有回到我的出生地，可以想见那里当然也一样干着。随着驰宏锌锗公司的发展格局多变数，我的出生地将会是一个被废弃的地方。尽管父母家人亲朋熟人大多已离开那地方了，新的冶炼厂选址也在会泽城附近开了工，会泽城曾经的东川府将因此再“科学发展”一大步，可我心间有种怅惘如蛛丝网面，挥之难去。

孙先生带我们去了他家的老屋，老屋院子里有一老葡萄藤子，冬季里它正枯索着，每一个还乡团的成员都看上了它，都去跟它合了影。或许大家都在葡萄藤的纠缠里看见了流年的光影和难解的情结。

◆ 悠闲的老者

◆ 娜姑古镇

天近傍晚时分，我们离开了娜姑。

关于娜姑最后一个曾经繁华过的注脚是我在孙先生新家的博古架上看见的那个青花瓷盘。那是架上最不一般的宝贝，跟他花重金买到的其他青花瓷器完全不同。从它的裂纹开片可以判断出它被狠狠地使用过。上面的图案是松、鹤、鹿，孙先生说那是他母亲平时用于盛放鸡蛋的大盘子。他耄耋之年的母亲当年嫁到孙家时就看见它存在着了。搞古玩拍卖的赵总掌眼后认为那是个清代的瓷盘。

坐在孙先生家喝茶的时候我眯眼盯着那博古架上满眼的青花瓷看，独觉孙家祖传的那盘子花色纹饰都是最周正耐看的，我一直看一直看，直至把它记牢……

◆ 会泽大海梁子

少时，到了冬天，往南边看，我会看见南边的群山之上层层叠叠还是山，连绵不断。最高处的山峰被白雪覆盖，正如冬天里在大理眺望苍山，在丽江眺望玉龙雪山一样。那有雪的地方是哪里？我爹告诉我，那里是东川是大海梁子——

大海梁子，我打小就在眺望的远方

我眺望大海梁子的地方是我的出生地者海坝子。在一个孩子的眼里，那雪山在着的地方太远太远，它横亘在那里，是天幕的尽头。

长大些外出读书，看见大海梁子，那山路朝着它去又绕开它走，还是远远地与它隔着。

再对大海梁子有印象是因为我的一位表兄，表兄大学毕业分到了省农业厅，农业厅有个项目是到大海梁子推广新西南绵羊的养殖。大海梁子海拔高，最高处有4000米出头，环境相当恶劣，夏天还过得下去，到了冬天，寒风刺骨，那上面干皮料草的，当地人的日子难熬。属于乌蒙山系的大海梁子，被称为云南的“东岳”。表兄去大海梁子后回来说，大海梁子那地方穷啊，山上只长得出草，当地人的主食就是烧洋芋苦荞粑粑，真是只能养养羊了，但风景是美的，我们的领导说要把那里变成云南的新西兰牧场。

◆ 大海梁子

一个远方的眺望及表兄口头的描述，让我对大海梁子有了向往。直到我在刊物编《奇彩云南》这个人文地理栏目时，看见一组照片，我被它彻底征服。那是八九年前的事，一个业余摄影爱好者，记得他是一个银行职员，叫廖国忠，他在那年的春节前夕，和几个喜好摄影的同好驱车前往滇东北的会泽大海梁子草山，冲着有云南“新西兰牧场”（我表兄在20世纪80年代末讲述过的愿景已实现）的美誉，欲拍摄地处高寒山区的大海草山那万物萧索的冬季“酷”景，憧憬蓝天白云下枯黄的草和像云彩一样游移着的成群牛羊。廖先生拿来的那一组反转片吸引了我。但是那一次廖先生并没有去到真正的大海梁子草山腹地，因为大雪封山。可是他的镜头却意外地捕捉到别样的风景——高寒山区的雾凇。后来那组图片用标题“滇东北的玉树琼枝”统领，廖先生会拍不会写，也不会口头表述，我就看着那一张一张照片想象着大海梁子的美丽做文章。那组图文出来后，一个商界的朋友说看见蓝天白云下的那些玉树琼枝，他流了泪。后来他便开着车朝着那地方朝着大海梁子的方向走了一趟。

14岁离开家，年年春节都要乘班车回家过年。回家时最怕天寒地冻的天气，遭遇风雪堵在半路回不了家的事也碰过两回，小冰粒式的雪霰子堆积在山路上，风一吹，冻起一层冰壳子，客车司机就是在车轮上缠起铁链也不敢走。我们只好下车跟披着羊毛毡子赶羊的老乡捡一点柴草拾些牛粪生火烧洋芋吃。山岭间灰白的云雾一堵一堵地飘过来，红土地上的每一棵草尖上都是白霜式的冰凌，沿途村庄杨树柳树松树柏树上便是雾气凝结而成的“树挂子”，当地人叫冰凌子。冰凌子跟东北的雾凇是一码事。后查雾凇的相关资料知中国是世界上记载雾凇最早的国家，“寒气结冰如珠见日光乃消，齐鲁谓之雾凇”。这是1500多年前最早见于文献记载的“雾凇”一词。而最玄妙的当属“梦送”这一称呼。宋末黄震（479—502）在《黄氏日钞》中说，当时民间称雾凇为“梦送”，意思是说它是在夜间人们做梦时天公送来的天气现象。哦！好一个梦中抵达的天使！我喜欢这种浪漫的叫法。

大海梁子的海拔在2500多米至4000多米，冬天来临，雪后气温极低之际，氤氲在草尖树梢的水气便凝结形成了雾凇。极目望去，有的雾凇比较纤细，好像一幅绣画；有的则好像大海的珊瑚。置身其中，宛如进入晶莹剔透、洁白无瑕的人间仙境。

廖先生的那组照片，拍的是去往大海梁子顶峰途中一个小村庄的风景，当时这个村子的上空寒云散去，南高原上空灿烂的阳光却一时半会化不掉那树枝树梢上的冰凌，因为高处不胜寒，透骨的风砭人肌骨，气温并没有一下子升高，老乡的头发上结着冰，头顶鲜艳的红格头巾的滇东北姑娘只把生着两团高原红的脸蛋示人……

远眺、传说、看见一组照片，不行啊，我无论如何都要上大海梁子一趟，尽管我在滇西北海拔3600米的中甸（香格里拉）城就会高山反应，我也要去我向往过起码30年的大海梁子看一眼。

2010年1月2日我终于上了大海梁子。自会泽城所在的金钟坝子往南面的高山上爬，绕得头晕眼花时，大树消失，灌丛隐去，最后进入一片光秃秃的萧索。

大海梁子用凛冽的山风，风化的山石，枯黄的草地迎接我的到来。

不同于别处的是，这里的山峰轮廓线决不嶙峋，多丰满圆润，每一个起伏你都可以想作是女人饱满的乳房或者厚实温软身体的一部分，这种圆润有效地消减了几分枯索冷峭。极目四眺，山冈的背阴面残雪斑驳，衬以纯粹的蓝天，仿佛云彩掉了下来，一团一团的。跟荒草土地一样颜色的绵羊像些山地上长出的石头疙瘩、枯树疙瘩，仔细看，那些疙疙瘩瘩在缓缓地移动，盯住看，才发现，每一只羊的移动都是画笔的一个点，流动成一幅灰扑扑的画，偶有羊倌或牧羊女的衣衫跳出一点艳色来。羊群贴着的那面山坡这才在无比的荒寂中有了生命的迹象。

在比我们行走处低矮的地方有碎薄的雪银亮闪烁。就在这碎雪块覆盖的山崖上我突然看见一群银亮晃眼往天上去，双手打篷远眺，是鸟！是山鹰！是数十只停歇的山鹰！它们被我们的话音惊扰了，突然地从栖身的山崖上起飞！

等拿起相机对着它们，它们已远走高飞，那银亮的碎雪跟它们反光的羽翅很难区分开。那山离我们挺远的，我第一次听见山鹰在鸣叫。它们的羽翅在太阳下反光闪耀时，凭空自高远的蓝天上似乎传来南美著名的乐曲《山鹰》，入耳，是排箫吹的，幻听的那一刻，我的眼泪几乎掉下来，我的心仿佛已跳出我的身体扑在那草尖上，贴近了这片冷寂的风景。

◆ 走在大海梁子上

曾去过同一纬度的滇西北。滇西北的冬天与滇东北的冬天一样冷，却风光不同，人文地理背景大不同。滇东北的山、滇东北的人、滇东北的树、滇东北的土壤自成一格，这里的山民多数是彝族同胞，男男女女都兴裹着一袭羊毛毡缝制的斗篷，这儿裸呈的是大地原初的景象。滇西北没有这里冷峭，那里是针叶林遮掩着的丰富，而大海梁子光秃而简单。

毛泽东“五岭逶迤腾细浪，乌蒙磅礴走泥丸”指的正是这乌蒙山主峰一带大海梁子的景致。这用脚丈量的浑圆的山坡似可在人脚的丈量下任意小下去，经得住人脚任意的搓揉。

在想起革命家豪迈的诗词之外，我忽然又想起另一个人来，这个人叫丁文江。我是从做现代文学研究的段从学博士那里听说起这个人来的，中国文化巨擘胡适先生曾为其写传，并这样评说过丁文江——他是一个欧化最深的中国人，一个科学化最深的中国人。就是这么个人在100年前曾到大海梁子一带游历。丁文江在很多学术领域做出过开拓性贡献，在科学史和学术史上有相当重要的地位。作为中国地质学的开山大师，丁文江和他的团队使中国地质学早在20世纪20年代就获得了世界声誉。地质学以外，丁文江在地理学、古生物学、历史学、教研学、少数民族语言学等领域也有独特贡献，是一位典型的百科全书式的人物。他曾在1912年前后来到云南考察云南的矿业，到过个旧锡矿，到过东川铜矿，他从楚雄沿着金沙江的南岸——武定、元谋，到了金沙江的北岸——四川会理，然后折返云南，自昭通的巧家过娜姑，到会泽到东川，考察东川铜矿历史。我在读他的《游记三种》时读到他请了个彝族同胞做导游，走路去东川矿考察，途中要翻越大海梁子，他们走了三四天，每天天黑歇脚时还是只看见大海梁子的牯牛峰。

朋友段从学博士是楚雄人，他在研究现代文学时知道丁文江先生还是系统研究彝文的第一人，段博士听说我在创作以滇东北某矿山为背景的长篇小说《铅灰暗红》时，特别提起这位非常了不起的鲜为人知的大科学家。之后我自网上搜到了他的游记，搜到了他的图传。站在大海梁子的群峰之间，想象着大科学家丁文江先生100年

◆ 夏季的会泽大海梁子草山

前孤独的背影，我感喟着开拓者的脚步何其伟大……（特注：这个伟大的科学家后来在南方某省的考察途中死于一次煤气中毒事件。）

在当地人司空见惯的景致里我再次被震撼。一个近80岁的老太太用牛粪烧火烤洋芋，卖给零星的游人，一块钱一个。我用5块钱买了一个刚烧透心的洋芋，我不喜欢吃面软的洋芋，我喜欢吃这刚刚烧透心，嚼起来还脆生的“咔嚓”洋芋。我不能跟她谈价钱也不能让她补钱。在一个背风的山槽子里，周围团转没看见屋舍，四下只是山。老太太得背着那一麻袋洋芋走很远的山路过来，那取暖烧用的牛粪她得一路拾来。牛粪有点潮，火不太旺，可她想多多地烧熟洋芋，卖掉它们。火烟子熏红了她的眼睛，她俯下身子拿嘴吹旺那火堆时，我看见这小脚老太满面的灰土，心尖上倏地掠过一丝苍凉。

贫瘠的红土、黄草、蓝天，是“红黄蓝”三原色，它构成了大海梁子冬季的荒凉凄清。之外，就是我一路感恩着离开大海梁子，幸福地回到我的会泽城……

夏季到过大海梁子的朋友说，夏季草山因地势平缓，高山草甸像一床厚毡子，漫山遍野的野花，芳香扑鼻，草浪仿佛碧波荡漾；茵茵绿草上，牛羊成群，雨燕云集，溪水清幽雅洁，草丰水美，朋友说这次你冬天来，到七八月份你再来一次吧。那当然喽。

◆ 牧民

又去，5年后。只为看山看水——

心牧山眼牧羊

山还是看那乌蒙磅礴走泥丸的山，我打小便眺望着的大海梁子。

水看的却是别处的水和这一季南来的栖息在水畔的珍稀大鸟黑颈鹤。

朋友安排了这次众亲友们的高规格出行。我在行程的开头和结尾游离于统一行动。中间更有心思旁逸斜出。

大海梁子之行是下午的光景，路比5年前好走了一些。有企业在这儿海拔3000多米的地方架设了发电的大风车。拉这些电力设备上山，路不拓宽不行。

正值小雪节气，想看雪的梦想被太阳劈头盖脸洒下的万丈金光融化。

在海拔3000多米的高度，农作物种不出来了。就连那种从南美秘鲁高寒山区引进的十字花科的玛卡也种不出来。玛卡当地人叫小蔓菁，据传它有壮阳神功。住在海拔两千五六百米的山民大面积种植这种作物，有企业收购。上山的路上都是玛卡地，老乡就在路边把新挖出的玛卡出售。沿途的招牌墙上都刷着收购玛卡的标语。

一时兴起的种植热潮真的给老乡们带来了利益？希望如此。

车往3000米的高处开时，玛卡地没有了，针叶植物没有了，灌丛没有了，最后，只有高山草甸了。

低头近观，在这海拔3600米左右的高山草甸苔原生态小环境里，我的镜头继续拍下那些低矮的枯萎的生命，在我眼里每一种生命都不是低贱的，每一种生命都会找寻它的生存空间，然后在时间的河流里留下一个世代的枯荣。

放眼远望，草甸子这一季的模样是枯黄的草皮和山梁起伏出的或阳或阴的层次。

草甸上有一坡一坡的绵羊和一个远远尾着羊群的羊倌。

太阳西下，羊倌原本坐着烤太阳的山坡渐渐被山梁的巨大阴影遮住。

羊儿和羊倌得在天黑前翻过一道道山梁，上上下下走过深切的一个个山坳坳回家

◆ 高山草甸上一坡一坡的羊群

◆ 大海梁子，残雪犹在，歌声牧羊

去。太阳西下，山风嗖嗖。

披着羊毛毡子的羊倌尾着他的最后一个羊崽，把孤独的影子隐入了我看不见的阴面，接着又在远处还有阳光照到的崖顶，再次拉出他的身影。

也许那个羊倌并不像我想象的寂寞？

看着羊和羊倌远去的背影，我的孤独忽然像那起伏的山梁皱缩着又铺延开去，像那深邃的高天无边无际，化也化不去。

羊儿们，它们贴着崖壁的腿蹄会颤抖么？

羊倌用吆喝声用鞭子甚至用歌声牧羊，我却用忽然空洞的眼睛，牧起远山牧起羊群。

远去的也是我的羊群。

心牧在这荒野里，身体不再暖和，越来越冷，越来越冷了。

在大海梁子坐卧、驻足、行走、俯仰、呼吸间，山对我有沉沉的呼唤，我仔细聆听这天籁……

云南之南

外省人，冬天来云南若只为看海鸥看大海梁子上“乌蒙磅礴走泥丸”的苍茫大地，只为看珍异大鸟黑颈鹤，或许在色彩上还是单调了，那么一个转身，你飞去普洱吧，那里的冬天是碧绿的蓝调的。飞去西双版纳吧，在勐巴拉娜西的阳光下深呼吸……

蓝调普洱

我冲着普洱的蓝调子来，因为普洱的绿调子已被人讴歌了1万次，普洱的蓝调基于这覆盖率近70%的绿色基调，却少有我这样的专题歌颂。

一年前，得知我身体有恙住院的好朋友，哈尼族女作家黄雁盛情邀请我到普洱住两天，她说你来我们普洱呼吸一下最好的空气吃点我们的生态时蔬，调养下生息。我飞去了，住在她家。她天天陪同我散步，一天我们顺路进了一家地产公司的售楼部。后来我便发疯般不管不顾地决定要在普洱买个小居屋，为了我的健康未来。我今天对普洱的讴歌自是水到渠成。

零首付让我这个幻想过无数次要逃离大城喧闹的人由着亲近自然的深心发心初心，完成了合同的签订。我这一次购屋行为如同买把小白菜一样随便。昆明的朋友们被我的这种“轻率”惊着，问我为何。我随便地丢出下面的理由：普洱的蓝天上迢递的几朵白云令我向往，因为我仿佛能伸手便够着它们，一朵一朵扯下来，撕着玩。把事情想简单点，我就一刹那间拥有了普洱的空气、阳光、碧水和鲜花！

拿到普洱新居的钥匙时，我迫不及待地要把新居装修好，我让装修师傅陈先生立马带我去了建材市场，在墙漆商拿出色卡纸让我选择颜色时，我没有一点犹豫地选择了天蓝色，啊，我还要把我在普洱的居屋搞成蓝调子！

想好了么？装修师傅陈先生问。

那当然！我是被普洱的蓝天诱惑，被普洱的生态环境诱惑而决定在普洱买房的。

那普洱更重的颜色是它的绿啊，你咋不选绿色墙漆？

普洱的绿色已被铺张得四处都是，我要把它那种深邃的天色裁几块来，我要让搁放

身心的空间抚慰到我浮躁的心灵，令我有好的呼吸和睡眠，有优雅安静，让我得以从容虚度美好时光。

一大早我乘着东航的大鸟飞到普洱，脚才踩稳大地，黄雁来迎，一篮子自种蔬菜递到我手里，小苦菜、小白菜、韭菜、茴香。

午饭后，下楼漫步，行经之处，野花摇曳，山川逶迤，云雾婉约，茶木葱茏。

下午风撩动着我那蓝白色的细格子窗帘，那朵金光菊，让一整个静谧的午后有点热烈。蓝色的蓟隐去，紫黑色的野生枸杞浸出液摇身变成琥珀。

晚间遛蹄子，路边随手采藿香蓟、小蓬红蓼、思茅猪屎豆，回家插陶罐，省下买花钱。

某天下午，微信上我发了首打油诗描绘我的普洱度假生活，搞得不太押韵，竟有两友来应，替我修正：

◆ 茶城普洱之冬

其一
独晒脚丫坐窗前，
白云苍狗若等闲。
即将返航南飞雁，
心思放飞收归难。

其二
独坐轩窗晒脚闲，
逍遥迢递白云天。
大雁南飞心何依，
妙曼普洱山水间。

每次普洱度假我都舍不得离开，唯望快快退休。陶潜那种辞官归田后“山气日夕佳，飞鸟相与还”的自在是我渴求的状态。

野地走，缭乱的波斯菊和鱼鳞云令我心动，一只玻璃杯在灿烂阳光下变幻光影也让我沉迷，野牡丹、马响铃干枯的果轻易就能打动我。

天地万物予我愉悦，我在普洱感恩知足！

煮土豆挑一坨乳腐蘸，外加小米粥煮青菜便是我的午餐。青菜是黄雁家菜地里拔的，不施化肥不杀虫，虫洞如网状，水一涨浓浓的菜味满屋飘，菜叶如玉，没放油只一勺青盐杀就；那个红皮洋芋煮得开花，像是在笑，笑得沙沙的……

又想起去年，10年后再来普洱的那日，进她家，菜端上桌，野苦瓜、四棱豆、水香菜、野番茄调制辣咪、竹虫、糯苞谷、石斛花炖土鸡汤，石斛花是黄雁亲种。

这天，普洱才降温2℃，迫不及待，黄雁在院子里篝火烤肉邀我食。席间唱和小酌微醺，诗意盎然，胡乱吟：黄片老茶铁壶煮，粉红桃花小酒沽，晚来天不寒，大块吃肉肉……

我中了普洱的蛊。

这就是简单生活了吧，一再剪除繁复的多余，咬嚼那菜叶的滋味，只有在普洱生活过的人才懂，生活的确在别处。

刚做成半个普洱人，我便跟愣绊倒地做了回导游，定居版纳南糯山的著名先锋作家马原先生与他的部分大学同学在我的盛邀下来普洱两天游。

是小雪节气那天，我带着他们往梅子湖去！冬天的节奏里，蓝天无云，满眼的绿色

◆ 梅子湖

里一只红蜻蜓跟着我们起起落落。栈道漫步，欢声笑语时光刻痕，马原的铁哥们老同学某报前总编李一丁先生湖畔边走边口琴吹奏李叔同的“长亭外，古道边……晚风拂柳笛声残，夕阳山外山……”

时间紧凑，自然游罢人文游，游的是普洱文化名片之一的哈尼族女作家黄雁女士的家。唇品其亲泡陈年普洱茶汤，耳听其溯源普洱茶史，一席话解马原先生心里一大疙瘩，在座各位皆获益匪浅。

第二日拉祜族女作家李梦薇与普洱前辈作家马青先生导游宁洱茶马古镇那柯里，茶马古道老巷，有人家的墙头开着一大篷一品红，繁盛如花瀑，上百只报喜斑粉蝶、优越斑粉蝶、金凤蝶绕着它飞，喜气连连。

普洱两天游，令新版纳人马原和他的同学们大喜，从前马原只乘飞机飞过普洱上空，坐车从高速路上闪过普洱。这次老马原天真地说：有幸真的进入了普洱一回，好！美！

在“胖姑娘家”吃了山珍去一湿地公园散步，普洱的黄昏是天地云水花木的各色层次。那个黄昏，黄雁告诉我，这地方原称“老友火塘”，又叫“大荒地”，在远古，藏族人赶着马帮来普洱买茶，在此地歇脚驻扎升起火塘。其间，赶马人会牵着马去一条河畔放马洗尘，因而那河便叫了洗马河。而我一听脑子里马上把“大荒地”与高更的“大希地”重叠，因为这附近有著名绝版版画家贺昆的创作基地“古道博刻”，我去过。普洱的绝版版画天下闻名，画家的创作底肥来自普洱大地的滋养。

绿树蓝天白云，风雷雨露是日常底色，秋葵黄瓜玉米竹笋山茅野菜就是咬嚼的天物。人生之旅的阴晴圆缺便只是实虚间的倒影和相互印证。

在普洱之野，在草在虫的高度，我嗅到土壤的甜腥气，闻到杂草野花的清香，我喜欢身处旷野的这种状态，自然而美好。

生态伦理学家利奥波德说：对我们这些热爱野生事物的少数人而言，看大雁比看电视重要得多，而找到一朵白头翁花的机会如同言论自由一样是我们不可剥夺的权利。

每次到普洱，我闲不下来的是双脚是眼睛是手指对相机拍摄按钮的揿动，普洱的花草虫是我的最爱。在野生的东西随着城市的扩张而消亡之前，拍下那些草虫是我的权利。我在自媒体上秀个不停：亲爱的朋友，来普洱喝这阳光下，热带水果浓烈的香味掺和着，木头香、书香做配角的下午茶！

自在处，观自在，自在观。

我爱这里的有——蓝天白云，就会爱这里的无——污染灰霾。

身外，这里是我全部的领地，心头，这里是我的治愈系。

爱上这里的有，你就会爱上这里的无。

去年深秋来普洱它在开花结果，5月来普洱依然如是，不由得推测，它的个体完成一生后，种子们弹射在土壤里从来没有季节的休眠期。喜欢它的荚果一串串地挂在枝头上，像一个个拢着长披风的男人由青涩少年渐至深沉！掰一串成熟的荚果在手摇动，响声似沙锤音。豆科，马响铃！当地人称响铃果。观察，它是当地优势物种，一片片长在野地里长在路边长在刚开辟堆积的新土上，类似昆明的紫茎泽兰传播模式。爱一个地方或许从那地方的一草一木开始……

不深奥不复杂，最终就是回环反复简简单单。

一直以来，我总是选择带蓝色的器物养眼，用皮肤亲近蓝色的织物围巾床单衣饰甚或眼镜框，不觉间我已积攒了很多深深浅浅的蓝色素。如今把安放自身的空间墙壁都刷成蓝色，唯此我觉得安妥了。

是蓝天烘托了波斯菊的纤巧，是黎明的深蓝夜色让星子更亮……

因为深恋沉静安谧的蓝色，我自媒体秀个不停：一下午的摆拍虚度不算白费时光吧？我猜堆集它们会愉悦你们的眼睛，会让你们的心情有如雾霾之后乍见蓝天般好上一点点，我亲爱的朋友们！

何时，时间才不会羁绊我们的行为？

美国黑人始创的蓝调音乐，贯穿着一种精神叫蓝调精神。蓝调精神直指自由，无约束的精神层次，蓝调精神只用来概括这样一群人——为了享受精神的富足而孜孜不倦地追求形式上的精神主义者，他们追求流行时尚中最精华的部分并将其引进生活，而后构建一种全新的生活概念并任其成为新的时尚。

蓝调精神症候群是一群追求潮流而后又引导潮流的人。而我现在理解的生活时尚就是远离污染的一切环境和食物，回归自然，像一株草一只虫那样自在。

梭罗说过，野地里蕴涵着对这个世界的救赎。我冲着普洱的蓝调来，我走在自我救赎的路上……

从普洱到西双版纳，高速公路开车一个半小时，穿过中国最美的一条森林公路抵达西双版纳，你便可闭上眼睛享受冬阳对皮肤的抚摸，喝到一杯鲜榨的百香果果汁，你不熟悉的异域风情一下把你包围——

◆ 西双版纳的寨子

在勐巴拉娜西的阳光下深呼吸

勐巴拉娜西——梦想的神奇土地，古傣语的“西双版纳”，第一天的行程是被旅游，汇入人群，在热带雨林里穿梭，在灿烂阳光下深呼吸，带上眼睛跟我走吧！

我们的布朗族导游忽然从她的背包里拿出葫芦丝来，吹了一曲《月光下的凤尾竹》。我尾随着她的乐音走，走在野象谷的高空观赏长廊上，我看见长廊修建时特地为一棵藤缠树留出了生存空间，我们穿行在森林的腰部。我看见一株大树的羽状叶，它们扶疏有序的样子养眼。我们的导游说她已经有10多天没在野象谷看见野象了，偏偏我们有福气！有人眼睛尖，竟然看见了很远的树林间出没的一头野象，听闻此消息，我挤过去，辨认半天用相机的长镜头拉近了一点点才看见一堵灰色的东西在动，没见头也没见尾，光是这样一堵“灰色的墙”，就跟盲人摸象似的。我凑了一盘热闹，那种羽毛艳丽的鹦鹉咱国家没有，10块钱与它合张影不容易，哎哟喂，我一时半会儿没来得及摸出10块钱，这家伙就不来我手上停歇！

◆ 行走在高空观赏长廊

◆ 晨光中放牧

◆ 古茶树

◆ 与大象合影

两头大象前面的长鼻子勾搭成秋千状掏人腰包，后面的尾巴一甩，变成一个“心形”，心心相印呢。

这旅游胜地啊，人流就是乌嚷乌嚷的。石林的彝族撒尼大爹大妈往西双版纳来玩，那西双版纳的老波涛老咪涛是不是过些日子忙着去石林狂欢呢？你来我往，这世界就串雀一样地热闹了。

◆ 傣族头饰

我逮着一个傣家美人问：你这头发梳了一上午吧？她浅笑着说：半个小时——

从头开始的风情……

“当窗理云鬓，对镜贴花黄”，看见这样的发饰，我就觉得作为一个现代的都市女人少了好多扮美的趣味。

西双版纳傣族美人的风情万种，从头开始看吧，拿你的双眼好好地抚摸感受西双版纳的神奇之美吧！

相比云南的别处，西双版纳被我冷淡了。这次是第二次去，1999年第一次去，跟随采访中国著名画家走版纳，以记者身份跟随采访报道。来去匆匆，公事在身，对它的感受浮皮潦草。

为什么后来一直没去呢？路程太远，就算现在有了全高速路，那也要开车近8个小时才能抵达，有飞机啊，飞去便是，著名旅游景点，机票不好买——好像我永远可以找理由冷却热带雨林气候的西双版纳似的。

其实，西双版纳就在那——在云南的西南端，在离昆明700千米远的地方，像个与我有过短暂恋情，而情分不深的恋人，随心随意随缘随份地，等着我把别的地方都走遍，然后再绕回去，然后心心念念地叨一句：过尽千帆皆不是，再回首，西双版纳才是笑意微微的一个绝佳恋人。

绿树、森林、热带、迷雾、孔雀、大象、傣女、佛塔、水果、橡胶、茶叶、泼水节等等是版纳的关键词。在古时，西双版纳傣语称作“勐巴拉那西”——一片梦想中的神奇乐土。

在西双版纳，你去人多处吧，去告庄西双景的夜市上吧，甚至去农贸市场，手里的相机可以肆无忌惮地在盛装美丽的傣家女之间穿来梭去，胡瞄乱瞟，捕捉风情千般万种，看傣家美人看哪里，看她们的身材腰段，我的经验是看头上风情吧。

曾在央视健康频道里见著名舞蹈家刀美兰讲她的美发经，好像是用淘米水洗发，经常梳理。美发专家啊，可真得好好研究研究傣女的美发秘密。我在想她这头浓密乌黑的头发解开来有多长啊？

◆ 傣族女子

粉颈！桃腮！云鬓！我原本以为只有在中国工笔画里才有云鬓，错！错！错！这样的颈项是天鹅的还是蓝孔雀的？想起李商隐诗里的几句来——“晓镜但愁云鬓改，夜吟应觉月光寒。蓬山此去无多路，青鸟殷勤为探看。”杜牧的“自悲临晓镜，谁与惜流年”，云鬓！古诗词里的云鬓寓情太深太深。今天看见这云鬓只觉美啊美啊……

◆ 临塘好梳妆

◆ 西双版纳植物园

人生若只如树木花草

如果我是一棵树，如果我是一株草，如果我是一只鸟，如果我是一只虫……

当然，这样的“如果”皆没意义，因为我是自然里万千物种中的一种——我是人。

哪怕是在中国北方冰天雪地的三九天里，去中科院西双版纳热带植物园（小勐仑）你可以在舒服的暖阳下逛荡了大半天。

你依靠着一棵树。你坐在草坪上。你看一只虫爬行。你捡拾落在地上的种子。你听歇在枝上的鸟叫……

而西双版纳的风情何止是人，你该去看看树——

◆ 植物园里的树木

走在植物园里，作为人的你胡思乱想一回吧。那里我去过两次，每次去我都想跟植物花草调换一下角色：让我做树木花草鸟虫的陪衬背景吧，让它们成为这个世界的主角……

人生若只如树木花草……

也许你没有选择西双版纳为你云南南方行的目的地，你选的是到大理到腾冲到瑞丽的方向，那么你可能会在从腾冲往瑞丽过德宏的梁河县时遇见她们——

她们的绚烂盖过我的单调

在德宏傣族景颇族自治州陇川县户撒阿昌族乡，采访户撒刀王项老赛时与这个乡的汉族、阿昌族、傈僳族的3个盛装女子合影。德宏行，绚丽多姿的少数民族服饰令我看了个饱足。幸好现在是数字时代，数码相机让我尽兴地拍，以致我注意力兴趣想要转移，想做一个少数民族服饰研究者了。我以为我的衣着已经够艳丽够打眼，红和蓝——三原色中占了二的啊，可跟她们站在一起，我就单调了。她们的丰富，她们的绚烂我没法比啊，所以我只好闭紧嘴巴，笑不出她们那山花般的欢颜……

曾经的中国彝族太阳女选美冠军、担任过云视大型文艺演出现场主持的彝族美人子洛与户撒汉族女子李换芝合影。玫瑰与郁金香相遇，孰美？都美！我的眼睛被这艳光刺得要眯缝起来，呵呵……

户撒“大汉族”女子李换芝头上这盘缠的布带有30多米长，她如此装扮一番花了两个小时。

户撒的傈僳族信基督教，她从脖颈里拿出一个十字架挂饰给我看，那天正好是圣诞节，怪不得我们的车路过一个热闹的乡街子，街上的妇女都是这样的盛装。

领队曹先强老师是梁河县囊宋阿昌族乡关璋村人，曹大妈年轻时是模范妇女干部，她见过大世面，热情开朗，爱说爱笑，说话很有分寸。她头饰的黑布里插着一小枝白色的素馨花。这花是平时就佩带呢还是因为寨子里当天有人去世了之故？忘了问她。靠近她鼻子吸进一股淡淡的花香。曹大妈指着她亲手纺织的彩裙告诉我，裙布有9种色彩。她今年71岁了。

午饭后，在阿昌寨子里漫步，遇到两位坐着说闲话嚼烟的老大妈，我仔细看她们的头饰，头饰里藏着她们嚼的烟丝，这包头里除了插花装烟，还藏着什么？针线？食物？这是一个秘密，我听不懂她们的话，只好笑着连比带画地跟她们交流，最终，秘密还是秘密。

正午的大太阳下走过一位阿昌族大妈，先前在寨子里逛，见她这样年纪的老年妇女大多因为长年劳作都躬腰弯背的样子，她是我见过的腰板最直的。她的气质有如一个女王，她走过去后，我的镜头对着她的背影又拍了一张。去年我爱玉的翠色，今年我狂热爱上这正正的大蓝，一时添了两件这色的衣服，看她的背影，这上下的层次，是不是可以给设计师一点灵感呢？

年轻一点的妇女，她们的短上衣就多用这种薄纱状透明蕾丝似的料子来做，时尚起来。注意她们的大耳环，款式基本一致，大银环上盘一个小小的螺旋，有如藤蔓的缠绕妩媚之姿。

◆ 纺布

◆ 阿昌族曹大妈指着亲手纺织的彩裙告诉我，裙布有 9 种色彩

◆ 腾冲国殇墓园

到了滇西的保山和德宏，有个事你回避不了，那就是70多年前远征军在滇西和缅北丛林里的抗日作战，于我们那是焦土之战，于日本人那是他们的穷途末路，他们自称的玉碎之战……为了不曾忘却的纪念，我上了松山——

龙陵松山拜祭远征军抗日阵亡将士

那天下午，我以为因中缅边境五县市的采访时间安排太紧，而不能亲到龙陵县的松山战场上去看一看了。连日来的舟车劳顿及内容丰富的采访，人已变得很疲乏，当日下午3点将飞昆明。我轻轻地抱怨了一句，来到这么远的地方却没有到最想去松山，了却一个心愿。在座的业余滇西抗战史研究专家段国庆老师附和了我一句，就是，从没去过啊，太想去看看了。领队曹老师问了一句，真想去？当然！计算了时间，从德宏州府芒市到保山地区的龙陵县松山其实只有一个来小时的车程，途中经过著名的边防木康检查站，还可顺路到龙陵县抗战文化纪念广场看看。

在龙陵县城的抗日纪念广场旁边，看见当年的一个日军防御工事，六边形的钢筋混凝土筑就的堡垒，日本侵略中国的遗证之一。站在这里想了想，日本国离中国的云南有多远啊？几千千米吧，竟然就打到这边来了！

民国元老爱国人士李根源先生（注：其是朱德元帅在云南陆军讲武堂时期的老师）在日军入侵滇西后写的《告滇西父老书》，激情洋溢，义正词严，极大鼓舞了各族人民的抗战勇气。

中国远征军第一路司令长官卫立煌写的“小倭奴，野心……”，通篇读了一下，很是朗朗上口，一个将军武官，文字水平不错。

◆ 腾冲国殇墓园

◆ 腾冲国殇墓园

◆ 滇缅抗战博物馆

1942年5月4日，为截断国内抗日唯一的国际运输线滇缅公路，日军自缅甸入侵龙陵腾冲，中国军队炸断怒江天堑上的惠通桥后，把日军阻于怒江西岸，日军想从滇西突进，最后打到昆明拿下中国抗日大后方的野心没实现，便在松山盘踞，修筑永久性战略工事。1944年5月，中国远征军向日军发起全面反攻，龙陵人民和远征军将士一起，奋勇杀敌，浴血奋战，战斗之惨烈让世界震惊。日军死1200人左右，我军仰攻硬打，以牺牲具名具姓的6700多名将士（失踪1000多名）的惨重代价，攻下松山主峰，彻底消灭了在中国滇西境内的日本人，

◆ “碧血千秋”题词

◆ 龙陵抗日战争简述碑

这次大战中，日本人活着回去的有8人，这8人中有人写了一本书，名为《腾越玉碎记》，日本人把滇西之败称为“玉碎”之战。

◆ 英烈雕像

到达松山抗日阵亡将士的墓碑前，时间已近正午。蓝天白云下，松涛阵阵，鸟虫的鸣叫平添一种巨大的宁静，因为身边有个滇西抗战史的业余专家，我跟定段老师，不断地问他些问题。我屏息静气，遥想1944年9月发生在这里的那场寸土寸血的战役，冥想中，67年前的厮杀和枪炮声无法跟此刻的宁静叠加。一路上想采摘一束野花献给烈士们，却沿途只见外来入侵物种紫茎泽兰一片繁茂的白花花盛开着，很讨厌这种害草，那一刻却想它的一片素白倒贴合此时的肃穆。

段老师把他在山下买的一瓶酒祭洒在墓前，他口中念念有词：兄弟们，我又来看你们了，来，喝口我给你们带来的酒，安生吧！上山途中段老师除了拍照便是扯开嗓子痛骂日本鬼子。原来段老师已多次来过松山，他之所以谎称没来过，是想再创造机会来望一望这片令他的心放不下的山川，再来祭奠一下那些曾被历史淡忘做过几十年孤魂野鬼，这些年才得到承认的为国捐躯的远征军将士们。段老师说，松山攻下后，死伤惨烈，血浸土地，据说好几年里雨水天一到，山上留下的水都是血红色的，当地老乡也不敢进山，说是经常听见厮杀枪炮声，人的惨叫声，说是当时的国民政府为此

◆ 龙陵松山抗战阵亡将士公墓

◆ 松山战役遗址碑

专门请了高僧来绕着松山念了一转经才消停了……

正午时分，上山的路很陡峭，幸有高大的以松树为主角的林荫遮挡。接近主峰时，日军密如蛛网的交通壕、战壕便昭然于眼前，有些地方的战壕被浓密的羊齿植物遮掩，但人跳进去还几近一人深。两个巨大的最终送日军上西天的弹坑处原是日军的碉堡，远征军工兵修了暗道上来，分别用50箱和70箱TNT炸药彻底摧毁了日军最高地的工事。当年久攻不下这个山头，蒋介石下了死命令，必须在“9·18国难日”之前打败日军。

远征军将士是在1944年的9月7日攻下它来的。

我试图在高地的那些大树干上找到枪弹眼，没有发现。段老师说，差不多70年了啊，这些树都是后来长起来的了。

上山下山，时间紧，途中一直心哽得难受，有泪。我们的车离开时近下午1点钟，山路弯弯，回望松山主峰数次，渐行渐远之际晕车难受的我瞟眼车窗外山腰上或平坝处那些清秀的山寨屋舍，看着一丘丘即将收割的金黄的麦田，想那一场惨烈的战役。

正午的阳光下，松涛阵阵中，我终于抵达龙陵松山，心祭了抗日阵亡将士。

◆ 沧源崖画

往滇西南，你还可跟我一闪逃遁到临沧的秘境里去——

沧源秘境崖画谷

我以为我很难有机会再到沧源了，再到阿佤山了，事实上，我又去了。我第一次见到沧源崖画，那次是去工作，去做采访，急着给沧源县做一本人文地理类的旅游特刊。

再次来到崖画前，依然激动，我在内容最丰富的沧源崖画1号点前，不顾一切地仿着那崖壁上小人人的姿态，不断地让同行者给我拍照，狂卖萌。

到沧源，我的心就打开了，我与神与自然对话，我的心“嗵嗵”地跳，耳畔仿佛听见佤族拉木鼓时的激越鼓声，那来自人类洪荒原始时期的鼓声，身心遁入秘境。

我的血在烧，除了想做成穿针引线儿的善事，由私想到私享到思想，依然收获启示很多。再把脚踩在滇西南的沧源大地上，殊不容易。

沧源佤族崖画是我国发现的少数民族最古老的崖画。分布于云南省沧源佤族自治县的勐省、曼帕等10多处海拔1500米以上的山崖上。最古老的距今约3500年。佤族祖先用手指或羽毛蘸抹红色动物血调和赤铁矿粉制作的颜料，把他们日常生活的全部内容用最具象的简约的符号画在崖壁上。把狩猎、采集、祭祀、娱乐、舞蹈的生活、劳动、宗教活动场面一一展示出来。甚至也有部落间战争后的凯旋图。画风表意粗犷朴拙浅显，生动可感。表意符号有树木、舟船、太阳、云朵、山峦、大地等图像。人物

◆ 沧源崖画

的描绘生动传神，人物身份性别靠装扮、大小、体型等来区分。

站在崖画前你依然可以感觉原始部落的人们那种生命里最自然的情绪情感宣泄。再到沧源，我给北京来的企业家朋友唐越女士总结了一句话，要求她一定记住，我说：佤族同胞很幸福啊，他们一天只做几件事——劳动、吃饭、喝酒、唱歌、跳舞、谈情说爱，然后做……就跟那崖画上表现的一样，唐总大笑。

饭桌上的一段话引我们开心不已，当地一朋友说，我们佤族的牛是不兴放牧的，每家每户的牛就让他们在山上野着，等想起让它们做事了，就上山临时找回来，有时出去野的公牛会领了一头母牛回来。隔段时间公牛带回母牛来时也带回些小牛犊来，哈哈。

在沧源县城，路灯是牛角形的，牛是佤族同胞最崇敬的牲灵，行道树是恐龙时代的活化石植物董棕。

佤族女人依蕊有一头长长的黑发，有1米多长，忽又想到佤族女人的甩发舞，激情舞遍世界。

第二次去看崖画依然不嫌山高路长。

终于到达崖画景点，入口处一号崖画点被一层雾纱笼着，神秘莫测。画中一个最大的有牛头饰的人物形象是部落首领，头顶上饰有羽冠者是部落的英雄或者是祭司。我的镜头不可能把这些图案拉得很近，局部要看真切可能还得看这个人物在画面里的角色，拉近反倒不好猜其在做什么，风雨侵蚀，很多图案都模糊了。

牛头饰的男人（男人的体格是很夸张典型的倒三角形）左下有只鸟，有翘尾，是孔雀还是原鸡？看出来了吗？画面中央，两头牛在打架，对顶角呢！这个装扮牛头饰手臂上有羽状饰的男子是在舞蹈吗？他司什么职呢？我猜是在祈求神灵保佑群聚的人们，在舞蹈、在欢庆、在迎接胜利归来的部落英雄？

有一幅图看得最清楚，两个射箭手都拉了弓对着中间路上走着的动物。这一路排着队，长长的尾巴牵拉着的动物是落败者是猎人的胜利品？

有牛头饰的男人，有羽冠的男人在部落里地位一定高，但他们的肢体语言表达了什么情感情绪，全是谜。

关于沧源，关于佤族，我想讲的话远没讲完，请您看我倒叙回从前，闪回皆是印象派——

◆ 沧源佤族

到沧源燃烧激情——红·绿

红色：佤族至今还保留着鲜明的红色崇拜文化，红色是佤族服装中最重要的主色。在大山深处的帕秋，灰黑的村寨茅屋间，我看到佤族妇女晾晒的红色土布，在阳光的照耀下显得格外醒目，仿佛一片血色精灵来到人间。佤族先民们用红色的赤铁矿粉拌牛血做颜料在悬崖峭壁间画出日常生活的全部，那没有褪去的红色已经历3000多年的风风雨雨。家家户户房屋中心那塘火、打歌场上的熊熊烈焰是红色的，那是另一种热度！佤族人认为火是力量的源泉，火是神圣的，因而火的颜色也是崇高的。村寨里有身份地位的人才有资格把火一样的红色视为神圣之物缠于头上，以显示自己神圣的权力。佤族炽热的情感爱恋、飞腾般的幻想、狂热的歌舞与执着于这片热土有关，与红色有关，因为红色是生命的血液中流淌的颜色！

绿色：进入沧源境内，小黑江峡谷两岸，莽莽无边的原始森林碧绿苍翠。山区，茶园一层一层把山地立体雕塑；坝区，绿油油的秧苗把大地着色。南滚河的密林里珍禽异兽出没，孔雀大象穿梭。陡岩刀砍斧劈，溶洞迷宫成群。董棕林、野芭蕉林、野生古茶树林、榕树林在丹霞地貌的十里长廊峡谷在大大小小的天坑群里保存着最好的多样性生态群落，丰饶的自然资源让沧源成为世界著名的科考之地，这一切与这里的原始和后开发有关，因为绿色是地球上所剩无几的净土最后的证明！

英雄·司岗里

英雄：佤族是英雄的民族，70多年前发生在阿佤山的班洪抗英之战是最好的诠释，英帝国主义对阿佤山的银矿宝藏垂涎已久。阿佤山十七部落首领为保卫民族利益，剽牛盟誓，共饮鸡血酒，以自己惨重的牺牲在中国近代反帝斗争史上写下了光辉的一页！

司岗里：在沧源在阿佤山，“司岗里”永远是佤族文化的中心母题。关于“司岗里”的传说在整个阿佤山都有流传。无论是中国还是东南亚，只要有佤族的地方就有

◆ 沧源的佤族村寨

◆ 沧源佤族

这个传说，比如缅甸、泰国、老挝、柬埔寨甚至印度等国。佤族在民间传说、歌舞打跳中，凡是要表达最深奥的历史和最真挚的情感，言必说“司岗里”。“司岗里”故事是佤族社会生活中思想、政治、宗教、军事、历史、文学、艺术等等的传承载体。有专家指出，“司岗里”是一部世界上跨越时间最长、反映内容最丰富的史诗，它以讲故事传唱为主。亘古流传不衰的故事正好验证了云南沧源是人类文明发源的一个重要摇篮，是佤族文化之都！

◆ 载歌载舞

到沧源我是带着发现的眼光去的，我要探索诞生人类的圣地——司岗里之秘；人类童年的艺术——崖画之秘；与天对话的神器——木鼓之秘；永不褪色的胎记——黑皮肤之秘；重生的不死草——“摸你黑”之秘；藏在头发里的爱情——甩发舞之秘；中国最后一个部落——翁丁寨之秘；上葫芦王地的怒吼——英勇不屈之秘；与恐龙共生的活化石——董棕之秘；天外来客的脚印——天坑之秘……

在探索发现的过程中我深刻悟到：生活在阿佤山的人们活得那么自由自然、那么超拔，佤族是参透了生命本真意义的民族。

古老淳厚的民风在沧源何以能如此浓郁？奇异神秘的习俗信仰在沧源何以能绵延不衰？这些疑问你只有走进沧源的怀抱才能找到答案，才能触摸到它更加丰厚的层面。

到沧源为民风民俗动情，到沧源纵情奇山异水，到沧源让激情燃烧！

沧源行，公路边拍得的佤寨，远望，像一幢幢美丽的别墅错落点缀在田畴阡陌间。看过崖画，下得山来，林子里的雾气散开，蓝天白云绿芭蕉红屋顶，看着全顺眼，生活在这里的人们不快乐长寿才怪！

崖画峡谷长廊令我想起那本小书《廊桥遗梦》来，画家、摄影家、作家、爱情的爱好者们该在这里诗意栖居一下，遁世纵情一下，呵呵。

朱家花园　繁华旧梦大宅门

“一去二三里，烟村四五家，亭台六七座，八九十枝花。”古代文人形容一个地方古雅，爱引前面这一段文字，有由近及远的铺陈，更有一种画面的层次感，但这是一种普适的古镇古村落风景，是泛指。下面这段话却是特指：一箭之遥一寺，五箭之隔一庙，七里之内一桥，八里之外一塔。猜猜，我说的是哪里——

请猜猜“繁华旧梦大宅门”说的是何处！不卖关子，告诉你吧，它指的是位于云南南部红河中游北岸的建水，建水古城虽已少了许多史书上“七寺八庙十二阁”的韵致，却仍然可寻其古雅……建水古城位于云南昆明之南220千米，古称步头，亦名巴甸。南诏政权于唐元和年间（810年前后）在此筑惠历城，属通海都督。惠历为古彝语，就是大海的意思。汉语译为建水。

我现在经常要给来云南旅游的朋友们规划行走线路，特别是自驾游来的，而他们最熟悉的通常是老三样，往大理、丽江，往西双版纳，每次我都会扰乱他们的思路。有一年我就成功引领一对来自西安的夫妇彻底放弃大理丽江香格里拉一线游，选择了滇南一线游，或许我作为一个滇人也对那个方向私下里审美疲劳了。尽管我不打算跟朋友去耍。我还是给出了滇南一线：建水—石屏—蒙自游的设想，让他们上网做功课。因为我也考虑到这对在商界混的朋友夫妇来的时间在年末，本来就是想奋斗了一年，年末来放松一下，

◆ 建水老宅

大冬天的，还往滇西北去，遇上下雪霰子，路上不安全，难说会冻僵了他们快活的心思。结果他俩将信将疑地开车前往我所建议的滇南。

这对夫妇抵达建水古城，在那一待就待了一个星期。一个朱家花园惊着他们，古街巷里到处藏着的那些个不同制式的经年老井，一个烧豆腐就把他们拿翻了。他们电话里抢着说，简直难以想象啊，这里竟然还有一个保存非常完好的全国第二大文庙，孔子故里的文庙第一大，为何这第二大文庙却藏在这山高皇帝远的边疆小城呢？他们很惊讶，两口子又喜欢摄影，天天起早贪黑地拍了个欢天喜地，爱喝茶，临走时买走了很多建陶品茶的美器。人家腰包鼓，买了好多名家制陶，虽然长途奔袭到云南开了一辆大切，却也不敢自带那些精美的陶器回家，通通请专业的快递公司打包寄走。最后一算时间不够，石屏蒙自都没去，也没去弥勒泡温泉解乏。我建议他们玩累了到弥勒福地泡泡温泉再回家，他们却欢天喜地一再谢我并说，以后再来，来一地必须深度游啊！结果两口子回去后，图片美文在博客上秀也秀不够。

建水于他们是个陌生的盲点，闻所未闻。对很多外省游客来说也是一样的。云南值得一次次来，然后去往东西南北不同的方向。

建水古城叫临安府，跟现在浙江省西溪湿地所在的临安一个名字。因而我自己四五次到滇南建水一带游，真的都错觉建水、石屏、蒙自包括个旧是云南的“江南”啊，记得朋友在博客上写他们的感受：建水城不大，但城里满街的古建筑朴实得如同古装剧内的场景。

是啊，行走在老街的青石板路上，每一步都是我的足迹与前人足迹的重叠，看见的每一口老井的深深索痕都是时光的雕塑和岁月的抚摸。建水古城不是走马观花者轻瞟的两三眼，它的历史积淀值得咀嚼反刍，它的无数的前尘往事令人无限遐想。

我曾供职的一本文化刊物的专稿把朱家花园比拟为《红楼梦》里的大观园，当年采访时，我们被安排在里面住了一夜。我在那度过一个完整的晨昏，穿行在那一进一进的院落里，过一道一道门槛，我恍若在万花筒的幻境里，对空间有镜子照镜子的无限纵深感觉，再读那一副副廊柱门楣上的对联，更觉从前的主人富足而优雅，朱家花园这座大宅的建筑秩序格局法度都令人起敬。行于其间，唐宋传奇、《聊斋志异》或《红楼梦》大观园里的人影似乎就在那假山石后一闪而过，小姐绣楼里的倩影在斜射的光线里再现，耳畔似有莺莺燕燕的嬉笑声传来。

史料记载，朱家先祖从湖南麻阳迁徙到云南建水，定居于西庄坝西高伍，于明末清初又移居到白家营村，并诞下两儿子分别名为子卿、永祜，数代一直以经营茶叶丝绸的小本生意为生。就在朱永祜出生不久，朱父在“流寇之难”中去世，自此留下孤儿寡母相依为命。所幸朱永祜为人恭廉孝敬，又诚实谦和，因此虽家境清贫倒也安逸。到了朱永祜儿子朱广福一代，举家又迁到建水老马坊村，并开始盖房置业，家道中兴。朱广福更涉足锡矿业，购买矿山，兴建厂房，成了滇南的锡矿业东家。其子孙后代先后进入仕途做官，家业更兴旺，家族业务开始走向国际，开设商贸进出口公司，贩卖锡锭和云南特产。光绪年间朱家已是滇南富绅，除了蒙自的总公司外，同时在香港、昆明、建水，以及河内设立了分公司，家道进入了全盛时期。而朱家花园就

◆ 古树见证了建水的繁华与沧桑

◆ 双眼井

◆ 三眼井

◆ 四眼井

◆ 建水老宅

◆ 大板井

于此时开始兴建，当时的朱家最不乏的就是财力，可因为园子规模大，设计也复杂，因此迟迟未能完工。就在建到一半时，朱朝瑛因涉及个旧起义被迫逃亡海外，直到宣统年间才重返故里，朱家花园才又重新修建。可这座美丽的园子并没能将朱家的荣耀保留下来，朱家花园多次易主，朱家后人多去往他乡。建水古城朱家的繁华旧梦在此画上句号。如今空留我们这些游赏者一声叹息后，对整座考究的古代豪宅给予的震撼肃然起敬，它竟出现在云南这样一个边陲之地。

朱家花园庭院厅堂布置精美，古色古香，共计有大小天井42个，素有“边陲大观园”之称。身临其中，花木芬芳，意趣盎然；典雅中透出古朴，豪华而不失端庄。

园内那隔着荷池的大戏台定然演过许多迷人的戏吧。也不知这大宅门里上演过多少出人生或喜或悲的大戏……

◆ 朱家花园临水古戏台

手记：

建筑是一个城市的灵魂，千年古城建水的老街上因为有文庙，有朱家花园、有朝阳楼，它的井然有序滋养着建水人。20世纪80年代末我第一次到建水，一下车就去了文庙。那时候文庙是建水一中的所在，“斯文在兹”几个大字端然高悬。我的大学同学陆美人分配到那里教生物。我找见她时，她一个人正在宿舍里看书听音乐，居屋的窗外一株芭蕉树，树上坠着一大挂即将成熟的芭蕉。

到建水不买两样建水紫陶器对我这种人是说不过去的，那年我在昆明潘家湾旧货市场无意间淘到一个宝，一个紫陶棒槌花瓶，瓶底有“1970年建水陶瓷厂”字样，此花瓶瓶身有一古代美女像，却又录有毛语录。捡了大漏，我高兴坏了，时时想着要去建水城淘两样宝，却再也买不起名家制品，每次就挑两个喜欢的无名氏制的小器回来。建水紫陶经过书画、雕刻、填刮、烧炼、磨光等工序，器型品种繁多。而陶器中有一款叫汽锅，属厨具，用于蒸鸡、鸽等肉食品，用它方可烹制出名扬天下的建水人舌尖上的美食——汽锅鸡。

除了汽锅鸡，建水还有别的美食上过央视《舌尖上的中国》纪录片，草芽和烧豆腐。游走在街上的人们会禁不住那烧豆腐的香味诱引，哪怕刚抹了嘴才吃饱肚子的也会控制不住。走着走着又坐到有空位的豆腐摊边歇脚，其实是又想要上10个烧豆腐吃，而这时你哪怕孤独一人，你也可以只耳朵竖着地听天南地北围拢来的食客们谈天说地。

建水城里的古井现在还在用着，人们还在打井水吃用，我幻觉井栏边的人像是活了千岁，不是么？生生不已的一座建水城都是那些井水涵养着的。

秋水是拿来望穿的，云南冬天的水不结冰，冬水拿来做甚？在云南你要学会找一池野塘来望——

云南之水

野水望

一个池塘，在我眼前。

九时光景，向水边去。望水面，远眺，近观，低头瞧。一片野水。

野水，是相较于常踟躕徜徉之滇池水而言。

野水岸边无人工围栏、观景栈道，只有野树野花野草野径野钓。

望野水，水性柔，满眼流。水浸土，花临水，心荡漾。鱼跳涟漪逐，水鸟拍翅飞。沿岸逶迤行，萍思雁歌长。

冬水。无论潭塘池水库，还是高原湖泊——云南人叫海子，皆不结冰，只蓝碧透彻，深沉如智者。鸥叫天籁，水味天香。滇池岸边的湿地公园里水杉干枯得快自燃成火焰，金柳叶到了隆冬仍没落尽，偶尔会打着旋旋，借风力把它轻柔地抚慰。

◆ 滇池日落

水本无色无味，阳光下风吹皱它，嗅来便有了味道。长天碧蓝，鸥影一掠，眼一醉，忽地便有了酒的香醇……鸥羽施展出蓝天辽阔的气概，枝叶抖擞风月的情怀。临出门拿一本《元曲三百首》，在元曲的直接里找滇池湿地一地方闲坐下，与风争读一首无名氏之《雁儿落带过得胜令》。

一年老一年，一日没一日，一秋又一秋，一辈催一辈。一聚一离别，一喜一伤悲。一榻一生卧，一生一梦里。寻一伙相识，他一会咱一会；都一般相知，吹一回唱一回。

其余299首元曲让轻风去翻，我只拣滇池好处都荡遍。

太阳落山之时，暖日寒月来煎人寿又一天，我看见打城里归滇池深处的海鸥排成了队，在我眼前500米的地方贴着水面飞成一条黑粗的线，光线幽暗，手机的镜头拉不近那持续了1个小时的归途，图上空空如也，无以证明那在我眼前真实出现过的神迹不是传说。

云南冬天之水色最蓝蓝不过抚仙湖。我很喜欢的歌曲作者李健为它作了一首曲子，就叫《抚仙湖》，我猜那是他的一段爱恨离别。在我来看，仙湖水蓝，一浪一浪像诗行——

在抚仙湖找到海的感觉

某年的四月末，与马所夫妇去了抚仙湖边，那时其他家庭的孩子们正在备战高考，只有我们是空巢家庭。一个电话，车便往华宁江川和抚仙湖箭镞般射去，野蔷薇麦穗儿的清香和突然而至的一场狂风骤雨还在记忆里扯着闪电……

7个月后与另一对朋友夫妇马儿他们又沿着玉溪江川抚仙湖的线路，环游。车一路开一路停，竟然幻觉眼前是海水荡漾。

◆ 抚仙湖晚照图

冬游云南

云南人生在高山大川中，囿于眼界，爱把一池水一片湖就叫作海子……

难道不像?

出昆明城，开车一小时，便可抵达抚仙湖。这里有离我最近最洁净的湖水。我可以掬一捧清清的湖水涤去脸上的风尘，也可面朝着它浣洗灰了的心。

抚仙湖畔，徘徊来去，流连忘返，不舍得离去，真拿它当了海……

11月初满眼蓝莹莹的湖水，不好说它是冬天的景致，说它秋水长天较符合天下人的认知。白沙虽是人工铺垫，湖湾倒也有海湾的一点样子。孤山这边，禄冲那头，湖光山色醉了我……

抚仙湖之夏通常很热闹，暑假期间，周围省份的人们，比如四川、重庆、贵州、广西人会开车拉着一家老小来此纳凉。冬天，他们却不知抚仙湖这一季的妙处是时光栈道上闲步晒太阳，或者租借单车环游抚仙湖。曾于某年与一伙家庭朋友人策划了环骑抚仙湖的假期行动，非常开心。抚仙湖是中国最大的深水型淡水湖泊，珠江源头第一大湖，属南盘江水系，位于玉溪市澄江、江川、华宁三县间，距昆明仅60多千米。是一个南北向的断层溶蚀湖泊，湖平面海拔为1721米，湖面积216.6平方千米，湖水平均深度为87米，最深处有157米，湖容量相当于12个滇池的水量，6倍的洱海水量。是我国内陆淡水湖中水质最好的湖泊之一，是非常重要的天然资源。湖水透明度一般4至5米，有的可达7至8米。环湖骑行全程的人都说是想着目的地铜锅洋芋焖饭及仙湖青鱼汤的香味才咬牙坚持下来的。显然这是我们这伙人2013年策划的最拉风的一次度假之旅，男女老少骑车环游抚仙湖，跨玉溪澄江、华宁、江川三县，全程约100千米，用时6小时。骑完全程的年轻人，不论是骑车途中或水畔逛荡时，我总拿起相机尾随，时刻牢记跟拍记录工作。因为只有我这样的过来人才知道所有的青春都如蜻蜓点水，不记录下来，有些事就烟一样地飘散了……

铜锅煮仙湖青鱼，吃了据说就半仙了，有人那夜做了美梦，甚开心。我说欢喜不可以预谋，它总是不期而至。

云南之花

在云南，四季花开不败，“鲜花称斤卖”成了“新云南18怪”中的一怪。在这里，鲜花不仅仅是供欣赏的植物，而且还是餐桌上时兴的菜肴。云南野生观赏植物约有2500多种，许多花卉可食用，比如火红的木棉，深谷的幽兰，芳香的茉莉，漫山遍野的杜鹃等，正所谓“秀色可餐”也！在云南很多民族以花为荣，在傣族情窦初开的少女眼里，一朵鲜花的价值胜过一枚钻戒，一片落英也会泛起人们心池中的阵阵涟漪。澜沧江边的拉祜族认为花不仅是他们的菜中佳肴，还是他们生命的象征。纳西族认为开白花的植物对人类都是滋补品，是良药。

在云南最诗意的分享就是姹紫嫣红的花儿对人的五官的立体调动，是视觉、嗅觉、味觉的全方位审美。甚至有人说还是听觉的审美，因为有人在月夜或者在山间小径上都听到了花苞的炸响，听见看见了生命一夜盛开的奇迹。

很多很多年前美国《国家地理》杂志聘任的博物学家洛克来到了香格里拉，他被这里的地质地貌生物多样性迷醉，然后把各种各样的植物种子偷偷带出了中国。经过外国园艺家的培育，世界鲜花的色彩有了云南杜鹃花花青素的基因嫁接，世界大花园变得更加绚丽多彩。昆明世界园艺博览园的美丽与洛克有了隔世之缘。

每一朵花都有自己的秘语，生命的精彩在花的盛开中完成繁衍又一代生命的历程，短暂的瞬间闪现是生命最美丽的季节。

古典名著《镜花缘》中讲过一个故事：天上群仙集会庆祝王母娘娘圣诞，嫦娥欲让百花一齐开放，作为盛典之装点。后来凡间的武则天隆冬赏雪时兴致大发，下令百

◆ 龙胆

◆ 滇丁香

◆ 绿绒蒿

◆ 玉兰

◆ 杜鹃

◆ 香格里拉草甸

花立时立刻一同开放，以见其爱花之癖。百花不敢违令，只得违拗春兰秋菊互不同时的天性而“各处群花大放”。牡丹不听她的，不开，从此被贬到洛阳。现代人在温室大棚里已做到百花齐放，那是人为的扭曲。只有在彩云之南的山野里，在香格里拉的草甸子上放眼就是百花的姿色和风情，山花烂漫时，云南在丛中含笑。

百鸟啾啾，晨曦初露。一丛丛，一簇簇，绚丽多彩，争芳斗艳。灿烂的朝霞映着花朵，皎洁的白雪衬着绿叶，随风摇曳，时俯时仰，婀娜多姿，妩媚动人。有歌曾唱：“山上的野花为谁开又为谁败？”在云南，每一朵花都为自己而开。

《花为媒》是一出好看的戏曲，其中那千娇百媚婉转的唱段云：

美人：叫一声才子你来得正好，顾不得女孩儿家粉面发烧；我的心止不住扑扑突突地乱跳，有句话我要问问你呀，仔细你听着，婚姻事应不应得我不恼，好不该说我不值半分毫；你说我心不灵，我这手不巧，又说我貌丑无才我的身段不苗条。今日里到花园我们见了面，我让你仔仔细细把花瞧；你看看红玫瑰，再看看含羞草，你看看这藤萝盘架，再看看柳弯腰，你看看兰花如指，再看看芙蓉如面，看一看我这满园的鲜花美又姣。走一步，凤展翅；走两步，彩云飘；吾可走了一个连环步，钗环响亮声音高，可笑你小小的书生为花颠倒，意悬悬眼灼灼你魂散魄消……

才子：从上到下仔细打量这位闺阁女流，只见她的头发怎么那么黑？梳妆怎么那么秀？两鬓蓬松光溜溜，何用桂花油？高挽凤髻不前又不后，有个名儿叫仙人髻。银丝线穿珠凤在鬓边戴，明晃晃走起路来颤悠悠，颤颤悠悠恰似金鸡乱点头。芙蓉面，眉如远山秀，杏核眼灵性儿透，她的鼻梁骨儿高，相衬着樱桃小口，牙似玉，唇如朱，不薄也不厚，耳戴着八宝点翠叫的什么赤金钩……

花为媒，一段美丽的爱情开始了。花为媒，恋上云南山水……

云南可以分享，分享云南就是分享她如花的容颜和花色。

冬天到云南，你仍可看山花烂漫，看花开花谢花满天；到云南，走一段芳香之旅，以花为媒，艳遇心中的香格里拉。

大理的花色

且让我充当一回大理游的向导吧，此去，只为探大理花色。

先请你猜一诗谜：

虫入凤窝不见鸟，七人头上长青草；
细雨下在横山上，半个朋友不见了。

猜到没？以上是白族同胞世代传诵的谜语诗，述尽大理一年四季风景名胜。即使你猜不到，白族妇女的头饰可提醒你——“风、花、雪、月”四景啊，大理引人入胜的开端。

1962年1月，著名作家曹靖华游过大理之后，对大理的风、花、雪、月四景感慨万千，赋留风花雪月诗一首：

下关风，上关花，下关风吹上关花；
苍山雪，洱海月，洱海月照苍山雪。

今天我讲大理的花，花事，花色。

“风花雪月”里的花，指的是大理上关花。上关位于大理苍山云弄峰之麓，是自唐代以来形成的拱卫大理的要塞。古传上关有棵名“十里香”的花树，为仙人吕洞宾所种，花大如莲，花色黄白相间，美丽诱人。花后之果壳黑硬，可做朝珠，因而又叫朝珠花。到清代晚期，由于游观此花树的人太多，特别是达官贵人到此赏花，都要当地人招待，当地人受不了这种白吃负担，于是把这棵花树砍了。因而有一种说法，大理四胜景中的“上关花”就是木莲花，此花在大理境内到处都可以见到。

◆ 红色木莲

可是大理一些爱花人不认为“风花雪月”里的花就是那司空见惯的木莲花。1996年前后，我跟朋友到大理玩，朋友的父亲是《大理日报》的画家，十足爱花人，家里植有兰花一院子，百十盆总有。他带我们逛花鸟市场时，巧遇大理花协的李姓老先生，李老先生给我们说，那上关花在民间叫龙女花，可这龙女花失传了。他说每一年的春夏季他都要约上同好，背足干粮到林木茂密的苍山里去找寻它的踪迹，他认为龙女花就藏在苍山里。李姓老者为此查证过史料，说龙女花曾栽培于三塔寺及感通寺内。他告诉我明朝时期感通寺里一高僧曾派人策马护送龙女花进奉给明太祖朱元璋，马嘶花放，轰动京城。朱元璋大喜，便赐诗给这位高僧。于是龙女花一时传为国中名花，后失传。李姓老者说它应该还有活着的植株。记得当年我回昆明后给报纸副刊写过一篇文章，写龙女花传奇的。今天写这文字时我在电脑里遍寻文档，竟然不见。想了想，我虽然1995年就用电脑写稿了，但一定只是把稿子存在三寸盘里，没有转存过来，去年把手中的所有三寸盘都当垃圾扔了。难道关于龙女花，我也将开始迷失后的又一次寻找？

真是得来不费功夫，我试着在百度里输了“龙女花”三字后，竟然出现以下文字：“经过大理白族自治州花卉工作者长达15年的不懈努力，失传民间数百年的大理名花——龙女花，结束了只闻其名、不见其花的历史局面。目前，第一批龙女花活体标本苗360余株已成功育出。龙女花又称上关花，属木兰科灌木或乔木，由于生境恶化，天然更新能力弱，是国家级保护濒危珍稀植物……为了名花再现园林，大理州花卉协会成立后，当地党和政府有关部门责成当时的花协负责人李春荣寻护此花的下落。从1992年以来，李春荣联系花协年过花甲的资深会员，拜访点苍山感通寺僧人寒临大师。春末夏初花开时节，几次攀岩过箐上点苍山寻找‘龙女花’，终于在海拔3800米处的峰谷上发现了一棵唯一的‘龙女花’树，拍照了树貌花容……失传的中国名花得以转世。”

终于回忆起来，文章资料里的李春荣先生正是我当年幸遇采访过的李姓老者。

讲完神秘的龙女花，自然该讲大理的茶花了。中国茶花栽培在宋代进入迅速发展时期，此时云南境内建立的王朝是“大理国”。宋时词人陆游有“东园三日雨兼风，桃李飘零扫空地。唯有山茶偏耐久，绿丛怒放数枝花”的诗句，这是茶花栽培史的一个印证。

茶花是中国传统名花，世界名花之一。其植株形姿优美，叶浓绿而有光泽，花形艳丽缤纷，受到世界园艺界的珍视。山东菏泽牡丹、河南洛阳牡丹天下名传，那是国色天香，花中大富贵；云南的茶叶好，云南的山茶花也好。茶叶是茶科茶属，茶花是山茶科山茶属植物，两者种源上不是近亲，却都热爱着云南的水土，长得异常好。人工培植的茶花品种花冠丰盈、端庄，娇艳不输牡丹，却没富贵的名。

关于茶花，最富传奇的是金大侠《天龙八部》对它的演绎。

先有千年前的大理国，再千年后才有了金庸的《天龙八部》。《天龙八部》，一部有关大理国的武侠传奇，在这部书中金大侠不厌其烦地借笔下主角段誉之口臆造了山茶花的一段神话。喜欢《天龙八部》的金迷们不会错过金大侠字里行间的所有细节，比如关于“十八学士”“抓破美人脸”两个茶花品种的说法，其对茶花的描写到了登峰造极的地步。在此有必要把大侠写段誉跟王夫人说茶花一段录于此：“大理有一种名种茶花，叫作‘十八学士’，那是天下的极品，一株上共开十八朵花，朵朵颜色不同，红的就是全红，紫的便是全紫，绝无半分混杂。而且十八朵花形状朵朵不同，各有各的妙处，开时齐开，谢时齐谢……比之‘十八学士’次一等的，‘十三太保’是十三朵不同颜色的花生于一株，‘八仙过海’是八朵异色同株，‘七仙女’是七朵，‘风尘三侠’是三朵，‘二乔’是一红一白的两朵。这些茶花必须纯色，若是红中夹白，白中带紫，便是下品了。‘八仙过海’中必须有深紫和淡红的花各一朵，那是铁拐李和何仙姑，要是少了这两种颜色，虽然是八色异花，也不能算‘八仙过海’，那叫作‘八宝妆’，也算是名种，但比‘八仙过海’差了一级……再说‘风尘三侠’，也有正品和副品之分。凡是正品，三朵花中必须紫色者最大，那是虬髯客，白色者次之，那是李靖，红色者最娇艳而最小，那是红拂女。如果红花大过了紫花、白花，便属副品，身份就差得多了……白瓣而洒红斑的，叫作‘红妆素裹’。白瓣而有一抹绿晕、一丝红条的，叫作‘抓破美人脸’，但如红丝多了，却又不是‘抓破美人脸’了，那叫作‘倚栏娇’。夫人请想，凡是美人，自当娴静温雅，脸上偶尔抓破一条血丝，总不会自己梳妆时粗鲁弄损，也不会给人抓破，只有调弄鹦鹉之时，给鸟儿抓破一条血丝，却也是情理之常。因此花瓣这抹绿晕，是非有不可的，那就是绿毛鹦哥。倘若满脸都抓破了，这美人老是与人打架，还有什么美之可言？”

◆ 山茶

金大侠天花乱坠地把个茶花说得花枝乱颤，单玩味这一段文字，眼前就姹紫嫣红、目迷五色了。

其实许多金迷兼茶花爱好者是中了金大侠的蛊。他们总想弄明白大侠说的是真是假，便在现实世界里找寻那些奇异的茶花，断不相信那是一个文人天马行空地的“捏造”。

一株茶花上开十八色花朵，而且每朵茶花颜色不同，这样的品种，目前的现代园艺技术也还没有办到，唯一的方法是嫁接，但嫁接出来的植株不符合园艺关于品种的定义，它不能传代，它的性状不能遗传，因而不能称之为品种。在我看来金大侠是借段誉的嘴巴子把他非凡的想象力大秀了一把。

以我学过生物学的视界所及，就是在世界园艺花卉栽培技术最发达的荷兰，基因工程师们也还没搞出金大侠书中说过的“二乔”来，遑论“十八学士”了。未来是否可能，以我现在的脑力，我又不能预想。 至于“抓破美人脸”，确实存在，外形与书中描述较一致，我本人就见过，那是在我二叔的大花园里。我的二叔是保山昌宁县人氏，种花大户，80年代中期成为滇西著名的养花人，专养茶花和野生兰花。当时的云南省委书记亲临他的花园视察，鼓励他思路开阔些，把脚踩远点，踩到香港（当时香港还没回归呢），踩到东南亚去。二叔去年底病逝了，什么也没留下，光留下一大园子的茶花、兰花、杜鹃花。

有点生物学常识便会知道，“抓破美人脸”其实是杂交品种。茶花栽培史久远，在云南，茶花品种多，色系多，种植在一起，完全可因虫媒等天然杂交方式串种，红花的花粉落在了白花的花蕊上，于是它们的后代就会杂以其他色丝。仿若美女的脸被抓破了，这是金大侠的文艺假想赋予杂种茶花以美的附加值，我们读他的书仿若含了一枚橄榄总有回味处，原因在此。

有时候我想我这个“知道分子”很讨人嫌，何必点明真相呢？文学作品的审美愉悦不需要我无情地戳破它，非说不是那么回事，有意思吗？我不知道，但我有机械的科学观，我想审美是审美，却也不该以讹传讹。唉，比起金大侠我无趣一万倍。

记得初中语文课本里收有一篇杨朔先生的散文《荔枝蜜》，那年头，语文老师讲析这篇散文时说写得最好的就是文章的结尾了，作者说自己在梦中变成了一只辛勤的小蜜蜂。学了那一课后，同学们包括我全学着杨先生的腔调套写文章，梦中不是变成了小鸟就是小蝴蝶什么的。等很多年后大家都倒戈批判起杨先生的矫情文风时，我又曾实事求是地跟别人说起过，他也是写过好文章的，比如《茶花赋》。

《茶花赋》开头一段我还依稀记得：……一脚踏进昆明，心都醉了。我是北方人，论季节，北方也许正是搅天风雪，水瘦山寒，云南的春天却脚步儿勤，来得快，到处早像催生婆似的正在催动花事……

《茶花赋》是一篇令云南人骄傲长脸的好文章。杨先生在文中描写了一种叫“童子面”的茶花，“童子面”茶花初开带淡粉红色，略有红晕，犹如童子之脸，盛花时转为白色。

大理白族的风俗里把山茶花推为百花之王，每年农历二月初九到十五，定为“朝花会”，家家门前堆花山，花山顶上一定是一盆盛开的山茶花。在大理，哪户人家院子里找不见茶花便奇了怪了。

大理人爱花，爱得家常。在古城街市上闲逛，见一个老太太买了菜蔬后，在花市上跟一乡下背花来卖的老太太讨价还价，我在旁边看得入迷，那价钱一块一毛地从10元开始在两老太的嘴皮子上往下跌。最后老太太掏出10块钱补回6块，拿着一大束团在一起的金银花香喷喷地走了。金银花好看，用来泡茶能清凉降燥。

大理洋人街上的酒吧，每一张桌子上都置鲜花。最常见的是那种细碎的叫“十样锦”的石竹花，这朴素耐插的小花用大理当地产的粗陶罐做花器是绝配，天然一股乡野素朴的味道。十多年前那次去大理，朋友家的客厅里，看见她父亲用一古色古香的大青花瓷瓶插着两大枝木瓜枝条，棕色光溜的枝条上正抽出几抹绿色的嫩叶。那旁逸斜出带尖刺的枝条美得叫我心惊。朋友告诉我大理的花市上有木瓜的枝条卖，别人家也会这样插花。她不说，我以为那是从哪处庭院里偷搬来的枝条呢。大理人爱花，且深谙其美。

一年前在大理古城的一家酒吧里泡，爱上了那桌上的粗陶罐，跟服务生商量，想

◆ 兰花

买下。服务生不卖，我悠死他，非要夺人之爱的样子，他说问老板去。老板是一妇人，过来跟我聊了几句，便说送我了。她爽快地说，下次赶乡街子时再买就是了，块把两块钱的罐罐送了就送了嘛。那家酒吧好像叫“九鱼”，这次去没逛到那里。

淘来的那个粗陶罐我当了宝贝，小心地抱回来，它不同于昆明乡街子上的粗陶罐，而是在罐的釉色上窝了些花状点，便显出了别样的趣味。我拿它插十样锦、香草、小百合那些细草草花。

离开大理时，我匆匆走进古城花街，没讲价，20块钱买了三大撮兰草，我养兰不及我老爸，不太追求那兰的姿态和香气，倒喜欢看兰叶纷披的态势，不讲求品种的稀罕。这次去大理，与大理旅游集团文人气十足的字旭东先生喝茶欢聚，时遇中国乃至世界有名的养兰大佬李映龙先生，他培植的兰花多次获得过中国兰花博览会金奖。席间颇俗气地问及他，兰花里的“姜氏荷”多少钱一苗，他低声道来，兰市回暖，在三四十万之间。问这个是因为编辑部的设计总监高先生半个月前23万元出手一苗“姜氏荷”。回来跟高先生说这事，他说：没事，我还有两苗。因为高先生巴心巴肝小心伺候着全世界总共才有200多苗的兰花“姜氏荷”，我们都关注这个超级变异的兰种，它开花时，花朵酷似女歌唱家高歌时的脸孔，像歌剧《图兰朵》里的蝴蝶夫人，稀奇至极。

每次去大理，都会被大理的花色打动。

大理的花色是苍山密林里奇香远传的龙女花，神秘；是金大侠《天龙八部》里的各色茶花，诡谲多异；是特有的苍山兰花小雪素和大雪素，素极却始终幽香扑鼻。

这花这色这大理人的花事，最是大理的性情和品位了……

风景，成为景，在古时，最早归于文人的文字描述，比如苏东坡的《念奴娇·赤壁怀古》写赤壁大战“樯橹灰飞烟灭”的壮阔，白居易的《琵琶行》里写“浔阳江头夜送客，枫叶荻花秋瑟瑟”的凄然。那文字还得是经典，有传播开来的可能，那描绘赤壁的场面画面才成为风景。到李可染画出桂林漓江的迷蒙江雾山水到后来陈逸飞画出乌镇周庄的名气。到了当代，一个地方成为风景基本就靠摄影家和拍摄者的镜头。红河的梯田美景、东川的红土地无不是这样被偶然间的自然光影照拂，打动了路过的摄影者们。当他们的图片以刊载在画刊上的初颜示人后，到如今人人都可手机拍摄的时代，人们找寻了去，以自媒体爆发式地传播时，我这个媒体人，几乎双脚踏遍云南大地的人，还是时时被一些不断被发现的风景震撼——

歇心地：无量山上冬樱花谷

对深藏在无量山的冬樱花谷，我就是惊艳于朋友的一条微信，在一片山间缥缈的迷雾中，山谷坡地上，那一丘丘一层层的绿色茶地里，零落站着一树一树粉红的冬樱，它们正盛开成一幅梦境般的画，我很惊讶于此梦境是现实的存在。微信名叫“逐花”的友人告诉我，怎么，你不曾听说么？

逐花一年四季得空就与她先生开着车在云南的大地上追逐花开之地，她几年前的12月去了大理州南涧县无量镇德安村。那里有大理华庆茶业有限公司的一个茶庄

◆ 无量山冬樱花谷

◆ 冬樱花

园，近旁是灵宝山国家森林公园，距离南涧县城51千米。德安村这些年一到冬天就火，因为那里有一片冬樱花谷。冬樱的花期每年11月下旬至12月中旬，25天左右，樱花谷面积约2000亩。

灵宝山国家森林公园属南涧无量山国家级自然保护区的一部分，为澜沧江与沅江两大水系的分水岭。樱花谷似乎是一夜之间冒出来的。其实又是摄影爱好者把它捧红的。南涧，一个经济不发达的边地小县，原来在深山里藏着一个姿色曼妙妖娆的美人——无量山樱花谷。

每年冬天，2000亩的茶园中间植的冬樱花树怒放，一时间绿茶粉樱以及不时飘来的缕缕云雾，顿时渲染成一幅无量人间仙境图。

当地人有无量的情怀和格局，整个樱花谷免费为游客开放，景区配备有观景台、卫生间、餐饮、住宿等设施，如今它已声名远播，成了摄影爱好者的天堂。

云南号称樱花谷的有3个地方，我老家保山腾冲的樱花谷我没去过，玉溪澄江的樱花谷我去过两次，可那两处都是三月里春天的盛情拥抱，唯有南涧无量山樱花谷在冬天开满冬樱花。避寒来云南追逐阳光的远方游客，若是去那，可以提前整整一个季节在冬天看见彩云之南的“春天”盛景，享飘飘欲仙的梦幻之福。

无量山樱花谷就这样吸引了我，可是迄今，我的双脚还不曾丈量那茶地阡陌，我的身还不曾与那冬樱花树依偎合影！朋友那些仙气的图片一直在召唤我，以至于每次见到朋友逐花，我都让她调出她收藏在手机图库里的图片，一帧一帧地细看——绿的茶齐整地站在矮处，粉的花开在高处，迷蒙的云雾飘在其间，我游思翩飞，想象它、向往它，那份情不知所起，一往而深。

我不时痴想着，谁与我共那良辰美景？

无量山冬樱花谷，天庭降到人世间的每年仅25个日夜的浪漫时光，你能不把你的心搁在这无量之地，歇上一歇？

当你在冬天因为追逐阳光来到云南时，你看了大理的花色，无量山里的冬樱，最终你还是要回到昆明，那么看花依然是你昆明行的重要行程。打的来到滇池草海大堤，天上海鸥欢鸣，堤上人群熙来攘往，红塔路两边冬樱的粉色把萧瑟的冬天点染，如是，你一下子把两个别处无法复制的景致抓牢在眼里镜头里——

昆明冬天的两个物象

大雪节气，天气预报是越来越准了，天一下子冷得我的手指按手机键都不灵活了僵硬了，泡了一杯茶焐热了手才缓过劲来。

头一晚在街上狂走，虽然冷，但抬头看天，也是有星子的。第二天真的会降温10℃？会下冻雨？当我回到家，听见窗框在北风的吹刮下打抖时，我完全相信了。

在这冷寂里我要翻找两团暖出来焐热自己。这就是昆明之冬最热闹的两个物象，远方飞来的海鸥和盛开的冬樱花。徜徉此处，心情是小火煨烤的温暖，虽然是在冬日，在12月的深处。

冬樱花开开了，开在红塔路两边。

冬樱花，是一种特殊的樱花品种，在冬天开。来昆明旅游的外省朋友看见这粉红的花树会感叹，昆明果然是春城啊，别处三四月方开的樱花在昆明12月份就开开了。其实不然，这12月开的是冬樱花，众人认识的樱花在昆明盛开是在二三月的春天，赏那樱花的最佳处在城里的圆通山。云南大学的老校长，“文革”期间被迫害跳了莲花池的李广田先生写过一篇著名的散文《花潮》，讲的就是圆通山的樱花春天开放时的盛景。

查植物志，这冬樱花只分布在中国、尼泊尔、缅甸，中国又只分布在云南和西藏。

冬至前后的这些天，是昆明冬樱花盛开的时节。在花木繁茂的地带，比如公园、校园或者花园住宅区，常会见到开得粉冬冬的一棵两棵冬樱花树，但要赏冬樱，最佳处还是在滇池旅游度假区的红塔路上。全长1000多米的红塔路两旁的行道树全种的是冬樱。

周日晴，阳台上望见园子里的一株冬樱开

了，仔细看都开得盛期将过的样子了，忽然便想要到红塔路上去走一走。

显然，这个大晴天，到海埂大堤上晒太阳喂海鸥的游人很多，我赏冬樱要行的方向与众人反向。

一整条红塔路快堵瘫了，看海鸥的多是城里人，开着车来，往草海大堤赶，我周末住这郊外，路上优哉。

真好，这红塔路的冬樱花才开开来，还非全盛期，偶有一株开繁了，但也还有旧叶没落尽，才慢慢腾腾抽着新芽打着骨朵。放眼一路望到头，一条路也都染粉了。

昆明的这一季，举行婚礼的人多，婚礼花车都往这地方开，拍户外婚纱照片的也往这地方挤，都为了一袭白色的婚纱跟这蓝天白云碧水海鸥相映衬。冬樱花开了这自然物候，也引得摄影师们说服新人来到这粉红的花树下，演绎一番诗意和浪漫。一路遇见好几位光着肩头脖颈胳膊的着婚纱的女孩跟着摄影师穿梭来去，在这摄氏十五六度的气温里忘记了寒冷。就想，她们是人间冬樱花，灿烂在这12月。

冬樱树下漫游两个时辰，太阳光的热度一直在减弱，但那斜辉还是给建筑、花树、行人的周边都勾了一抹朦胧的光影，心情是小火烘烤着渐渐暖了起来的感觉。

冬樱的花期经历一方水土的筛选，遗传基因固定，到冬日凌寒而开，这样的性状是寒凉里的胜出。

大理神秘的龙女花、兰花、茶花说完，无量山上的冬樱花看罢，回到昆明吧，看花依然是看花——

花间道

广州被称为花城在先，那么昆明是不可以再叫花城的了，广州是我到过次数最多的外省城市，昆明是我生活的地盘。广州人爱花那是没得说的，每年的春节，央视的镜头在扫遍大江南北时都会把广州人逛花市的情景再现一番，那在昆明，人与花有怎样的瓜葛？

昆明人性格一向温和散淡，有点空闲就好泡在普洱茶汤里磨时间，要不闲逛闲聊闲烤太阳闲吹清风，比起节奏超快的上海广州深圳这些地方来那整个是相当的温吞。但是，有一处地方却始终热烈着浓艳着铺张着，那就是昆明的花市。昆明的花农只喜欢过秋冬季，因为秋冬季昆明的鲜花大量飞往国外省外，种花卖花的才有大赚头。春夏季，昆明的花价低贱如草。

我曾在某个周末的一大清早与老公开车到二三十千米外亚洲著名的呈贡斗南鲜花批发市场买花。那可真是鲜花的一个超

◆ 大花葱

级集散地，走进去就是掉进花的海洋。一进去人就晕了，都不知道买哪种花，很多花的名字我这个大学植物学专业毕业的都喊不出来。有一种色泽玫瑰紫的球状花序非常独特，从来没见过，有植物学基础，猜它是一种葱类的花，卖家夸我“太懂了！”，说正是外国园艺师用洋葱培植筛选出来的“葱花”，花农才开始试种。因花而痴，那一刻内心竟泛起回头去做个园艺专家的心思。

斗南花市之海里游一趟出来，花了百把块钱，把个车后备厢后排座都塞满了。开着花车进城，一路打电话给朋友们，顺路把买的花分送出去，朋友们自然是喜欢这份意料之外专递的礼物，满满地怀抱一大捆连连称谢。一捆叫孔雀草的小菊花称着买的，3元钱1公斤，一捆就10元钱左右，一位朋友说：太多了，插不下，不过我都要，我把这份美丽再分给隔壁邻居们一点。赠花予人，我心里自是满满当当地开心着。

平时有外省朋友来，跑不了斗南那么远，就到城中心的尚义街鲜花批发市场去，花个几十块钱也可以打包一大纸箱的鲜花了，朋友坐飞机带回去，我这个昆明人挣足面子。平常日子我只在家附近的农贸市场买花，不喜欢花朵硕大的百合、康乃馨、玫瑰，倒只挑着那些花朵细碎，看起来像是野花的小花儿买，这类花自然又便宜又合我的心意。家里的花器多是乡街子上淘来的大大小小的腌咸菜的陶罐，野花式的孔雀草、草莓心、勿忘我、紫罗兰、越南小玫瑰、石竹一大束地插进广口的陶罐，便有一种内敛的自然美艳。通常我在冬天里就会想象着小苍兰（又叫香雪兰）上市，它的花朵是细长筒状的小喇叭样，馥郁的香老远就闻得见。小苍兰是昆明传统栽种的土著花，昆明的老太太们特别喜欢买，买菜时顺手就买一把，家里插一束，开门进屋便贪婪地嗅。小苍兰插在方形的水晶玻璃花器里最美，因为这样不仅有一簇鲜黄把心情提亮，有一缕暗香醉人，更可透过那玻璃看见它泡在清水里的碧绿叶茎及韭白似的细

根，那份清雅真真逼人。

要是只为赏花，昆明各个大公园都有自己的主题花种，花按月份顺序次第盛开，花开之际昆明人家扶老携幼同去赏花，人潮向着花潮涌动：一月到黑龙潭探梅，二月到圆通山看樱、翠湖赏郁金香，三月到昙华寺瞧杜鹃、玉兰，四五月间教场路、盘龙江边漫步赏蓝花楹……

生活在这“天气常如二三月，花枝不断四时春”之地，我一年四季都在花市花海花间道中徜徉，时时感受着生命的绚烂与丰足。闲来对花间的美丽说道说道，是人生乐事，也是日常情境。

◆ 郁金香

一首诗令一条街名闻天下，这事并没发生在古代，而是发生在30年前——

◆ 卖花的奶奶在精心修整花枝

流淌诗意和浪漫的800米

提起昆明的尚义街，显然绕不开诗人于坚那首著名的、为众多文学青年奉为圭臬的《尚义街六号》——尚义街六号 /法国式的黄房子 /老吴的裤子晾在二楼 /喊一声 胯下就钻出戴眼镜的脑袋/ 隔壁的大厕所 /天天清早排着长队 /我们往往在黄昏光临 /打开烟盒打开嘴巴 /打开灯/ 墙上钉着于坚的画/ 许多人不以为然/ 他们只认识凡高/ 老卡的衬衣 揉成一团抹布 /我们用它拭手上的果汁/ 他在翻一本黄书/ 后来他恋爱了/ 常常双双来临 /在这里吵架，在这里调情……那年纪我们都渴望钻进一条裙子 /又不肯弯下腰去/ 于坚还没有成名 /每回都被教训……我们常常提到尚义街六号 /说是很多年后的一天 /孩子们要来参观。

一大早，载满鲜花的车便从呈贡斗南那边运花过来。开花车的人得起早摸黑做事，但这样的工作在我看来很愉快啊，天天可以闻花香啊！两个月前老父大病一场，差点去了，把他从死神那边拉回来，今天我是第一次带他出门逛逛，瘦小了一大圈的他很高兴，看见满眼的鲜花跟我一样兴奋，巴不得全搂回家，我买了几束荷花交他拿着，他后来竟然把这些花夸张地扛在肩上，让我想起小时候他从“五七干校”回来，给我们扛回一大捆玉米秆子，让我们像吃甘蔗一样啃吃它的甜汁。

◆ 满怀鲜花，满怀欢喜

果然，后来有很多文学青年闻着于坚这首诗的味道，去尚义街找寻六号门牌。某一天，我下班骑着车往那过突然碰见作家张庆国，张老师说他来找老吴。此“老吴”就是于坚诗里的“老吴”，尚义街六号是老吴的房子，当年昆明的文艺先锋把他的房子当着一个巢穴，各种新鲜的行为思想在这里汇拢。老吴可是个人物，他就是凭《流浪北京》等纪录片开创了中国纪录片新纪元的吴文光，那天站在尚义街的街边，张老师从背包里掏出老吴的《流浪北京》录像带借给我看，张老师说，这带子会吓死你。《流浪北京》记录了80年代中后期一些年轻的艺术家在北京的生存状态，记录的对象有作家、画家、戏剧家、导演、摄影家等等，当时这盘录像带在国外获了大奖，在国内只是地下流传，那年头一拨又一拨怀着梦想的年轻艺术家迁居北京。至今尚有“孩子们”虔诚地寻找着尚义街六号这个已不复存在的影响深远的艺术家老巢，这与全世界的艺术家到了法国巴黎都要去“左岸”流连一个道理。

查尚义街的由来，得一简略资料：今天的尚义街东起白塔路，西至宝善桥，全长799米。尚义街西段清代形成，以崇尚礼义而得名。在昆明导游的路线图中，尚义街是昆明行的最后一站，因为尚义街是一条花香四溢的街，昆明城内最大的鲜花批发市场在街的深处。上飞机时把云南的鲜花抱在怀里，留下对云南活色生香的记忆，再给亲朋们捎去最新鲜最实惠的礼物，逛尚义街是外省游客最乐意最轻松的终结之旅，至今未见到任何买花吃亏的旅游投诉。

30年前，昆明的鲜花业还没现在发达，一条梧桐树掩映下的尚义街两旁全都是鲜花摊子。尚义街是我每天要路过的地方，我最喜欢买的是浓艳的向日葵、清雅的马蹄莲和含苞欲放的荷花、神秘的勿忘我几种。下班前就在自行车篮里预备了旧报纸，让花农用旧报纸把花的茎包裹好，花朵露在外面，然后骑上车穿街过巷回家去，花香自然洒了一路。现在昆明私家车多得一到下班高峰就爬在路上作无奈的“昆虫”，那种美女骑着车，鲜花满框，裙裾飘飘，一闪而过的浪漫情景就不太有了。

不过尚义街的浪漫始终持续着，不仅仅因为鲜花。这条街上的时尚特色小店是昆明美女最爱去淘货的街区之一，离它不远的地方有两个昆明最高档的精品购物区金龙百货及金格购物中心。美女们通常相约着进入金龙或金格，咬着牙花数千元购得一件早就在时尚杂志上看中的品牌货，然后出来，两转三拐再到尚义街特色小店花几十元百把元为那件精品买上一堆混搭品。最后在尚义街小馆里吃上一碗两块钱的小锅米线，再花几块钱买一大束鲜花，抱着花袅娜娉婷地走到停车场，心满意足地开车回家。前些年客居昆明的安徽籍作家陈家桥在《人民文学》上发过一个短篇小说，写的是发生在尚义街的浪漫爱情故事，我记得小说叫《尚义街女郎》。

今日一早出门上班，天上飘下雪霰子（注：雪粒）。过小花园，那株老玉梅在清寒里放送阵阵冷香，趋近，看它，那绽放的盛况将歇。树下，池水面从天上下来的雪粒落进去就没了影，可那朔风吹落的梅瓣倒更似雪花恋着水……匆匆离去后，想起昨日下午外出晒太阳，随手拎的《元曲三百首》，恰巧读了马致远名为《落梅风》的几首小曲，于是拙仿一首：

雨雪霰，北风狂。路旁一树老梅香。梅朵引人含羞状，元曲落梅风飘散。

元曲里马致远的《天净沙·秋思》是千古绝句，除此，读他的《清江引》《落梅风》《四块玉》尽得些小情致，调节心情也不错。马致远的《落梅风》两首：

蔷薇露，荷叶雨，菊花霜冷香庭户。梅梢月斜人影孤，恨薄情四时辜负。

人初静，月正明。纱窗外玉梅斜映。梅花笑人偏弄影，月沉时一般孤零。

落梅风一吹，我往昆明北郊的黑龙潭公园去。龙泉探梅是昆明八景之一——

梅，梅!

我喜欢一个字发出Mei这个音，比如梅、玫、眉、枚、莓、美、每、妹、媚、魅、媒、酶，包括霉，当然这中间我最喜欢的是梅字，梅，梅。

Mei这个音天生有股妩媚娇魅的气质，美眉妹妹妩媚魅惑——这样一句话里有多少个Mei音!

曾经最喜欢的一个法国作家名字叫“梅里美”，原本怕记外国人名，他的名字却一看便记得，他的小说也因之喜欢。梅里美的小说中总有瑰丽的异域风光，故事情节总是引人入胜，人物性格总是另类。

梅里美单凭十来个短篇小说就奠定了在法国文学史上的地位，代表作《卡门》经法国音乐家比才改编成同名歌剧而取得世界性声誉。

梅里美的名字在法国人听来美吗?译成中文可真是美呀。

在写小说的时候，我会不由自主地给一些女性角色命名为梅，最近写了个表姐的故事，欲给其名“梅”，但因为巴金先生《家》里的“梅表姐”著名天下，我就给了我的人物一个名字，叫“王文”。“王文”二字写得紧靠在一起就成了玫瑰的“玫”，我把小说里的人物直呼为“玫表姐”。我不晓得我为何老要把故事里一个人物的命运耽搁纠缠在些小细节上，我发现我非得把这些小细节安排妥当了，才会继续往下写。

人物的名字发音决定着我把故事往什么方向引，就像我通常喜欢的梅树老桩梅枝丫的姿态，总得旁逸斜出一点才觉得它美一样。在小说里把那个表姐的命运性格捏造成什么样子，是因为梅，梅花的牵引。

最喜欢听中国十大古典名曲之一的《梅花三弄》，又名《梅花引》。（注：中国十大古典名曲为《高山流水》《春江花月夜》《梅花三弄》《胡笳十八拍》《十面埋伏》《汉宫秋月》《广陵散》《阳春白雪》《渔樵问答》《平沙落雁》）东晋时一个叫桓伊的人用笛子演奏《梅花三弄》，后人把笛曲改编为古琴曲，到了清代又把其改编为琴箫合奏曲，全曲表现梅花傲雪凌霜的高尚品性，借物咏怀。三弄是3个变奏：一弄叫月，声入太霞；二弄穿云，声入云中；三弄横江，隔江长叹。

忧郁情歌王子姜育恒有一首主打歌，直接用《梅花三弄》为歌名，歌词里唱：

红尘自有痴情者／莫笑痴情太痴狂／若非一番寒彻骨／哪得梅花扑鼻香／问世间情为何物／只教人生死相许／看人间多少故事／最销魂梅花三弄；（旁白:）梅花一弄断人肠／梅花二弄费思量／梅花三弄风波起／云烟深处水茫茫……

元旦刚过，在城中心地段租一民国时期保留下来的深宅大院开茶馆的朋友王梅专门打了个电话来：姐姐，我院子里的梅花开了，开了3朵！你快来看啊！当时我忙着，一个星期后，我才去望了这树红梅，它已盛开，已数不清朵数了，开得满树满枝。朋友王梅曾让我帮她想博客名想茶馆名，我先后以“梅影”“梅香如故”赠她，她最后都没用，因为有风水师说“梅”字听起来触“霉”，不吉。某日在那古宅院里喝着茶，几个人盘起宅院里植梅是否祥瑞的是非来。我说如何不好？梅兰竹菊四君子，人生活其中得其品性氤氲，人会熏出雅性来的。这些年，人说屋里不能种缅桂花不种梅花，全是因为人们内心的欲求重心附着在财富的积累上，所以牵强附会地说种梅触了霉气，种缅桂花免了贵气。因为现代人的生活并非以追求精神境界的高雅为目的。我的话当然不中听。

为何人们看见梅开闻见那缕暗香，要去探访它呢？梅之美，不是滥俗之说可以遮蔽的。

高中时学龚自珍《病梅馆记》，龚老前辈境界高格，无情揭发了文人雅士的病态审美观——梅以曲为美，直则无姿；以欹为美，正则无景；以疏为美，密则无态……当年龚老先生放眼望去，普天下皆病梅，他买病梅300株来，发誓疗梅。他在病梅馆里给它们松绑，让它们四丫八杈地自由生长。年少时，认的是龚老前辈对自然法则的理解和其借病梅针砭时弊、直抒胸臆的情怀。然而，到了现在，我发现人们赏梅时还是在追求梅的曲虬姿态，为什么呢？或许我们依然抱残守缺，还是没与龚前辈高处相逢，还是太小我太小情小调。

◆ 白梅

前些年香港《凤凰周刊》做过一个调查专题：牡丹和梅花，谁堪称国花？民意调查的结果是，知识分子偏于选梅花，说它是中华民族的精神象征，具有强大而普遍的感染力。说梅花坚韧不拔，迎雪吐艳，凌寒飘香，其铁骨冰心的气节几乎是龙的传人之精神大写意。属意牡丹的一般为普罗大众，说它国色天香，雍容富贵，喜气，娇艳，大气……遗憾的是至今国花之选还是没个定论。

前日中午看见电视新闻里报杭州某处梅园梅花盛开，人们纷至沓来争相赏梅。我大脑记忆里便一帧帧梭过些梅花的画面。昆明也有梅园的，为何不去一探？尽管心里同时也嘀咕着，春城的梅，盛花期早过了早过了……

可是探访梅花的想法偏偏强烈，不去就熬不过那一天似的，非去不可。我遵从了内心。

下午4点从城里出发去了昆明北郊的黑龙潭。

黑龙潭是昆明城最早的风景名胜，应该说先有黑龙潭才有昆明城，正如北京先有潭柘寺，方有北京城一样。年代久远的黑龙潭古刹里因有三株异木而闻名天下——唐梅、宋柏、明茶，可惜的是，现今，那株最老的唐梅已死，所遗只是老唐梅中的四分之一的枝杈还存活着。有此渊源，现代的黑龙潭公园在后山上广植梅树，目前有红、

◆ 蜡梅

白、绿梅等近百个品种，共6000余株，景名定为“龙泉探梅”，梅园占地近500亩。扳着指头数数，它算得上是中国的大型梅园之一。中国有名的梅园我去过江苏太湖西山的“香雪海”，那可是繁花似雪，芳泽无边的佳处。

此番龙潭探梅，没去拜谒那株唐梅，进得园门我脚步匆匆直往后山的梅园去。

梅在，可是下午西斜的阳光照射着的多是凋零的残梅了，鼻子贪婪地凑近残花使劲闻。那香也有的，只不是扑鼻袭来，而是你要去捕它。它倏忽不定，捉它不住。

怪不得梅没等我，实在是自己瞎忙而断了与自然的联系。报刊上天天都有城市的表情，都有春讯——昙华寺的朱砂玉兰绽放了，西华园的兰花正幽香四溢，翠湖的郁金香开了，这类消息天天都过眼，只是不知为何过眼便过眼了，人麻木不经心。

梅园里徜徉两个多小时，情绪未及伤春感怀，穿行在梅丛间，静默地拿着相机找角度，拍最后绽放的

◆ 蜜蜂采梅

几朵，拍梅萼凋谢后枯萎的花心，拍老桩虬枝……先前来时一路上心里默诵的是王安石——“墙角数枝梅，凌寒独自开。遥知不是雪，为有暗香来。”待身处其间，感受的却是《梅花三弄》里青鸟啼魂、凌云戛玉、风荡梅花、落英如雪、欲罢不能……

二十四番花信之首的梅，开开了，凋零了。

回城途中，淡然地想，其实，梅今年于我只是这一年的错过，明年早些来便是。此刻我该记得的是自己的心跟梅有了明年的约定。

梅，梅。

说云南的乡街子，我得发岔地先说说大理的三月街——

云南之乡街子

到大理赶了一场千年的街

我曾因采访专程到大理赶过一场已在大理赶了1000年的街。赶过那场超级热闹的三月街后，我被它的过于热闹闹烦了。后来我去大理去别处，我都问当地人今天这日子是赶啥子街？

人有时要玩隐身术，躲于一个旮旯，清静再清静些，把“闲看门中月，思耕心上田”当经来念（古时“闲”字为“门”中一“月”，此联录自大理喜洲古镇某户人家）。可是，有时候，人也需要在无暇思想、一刻不歇的忙碌中来消解烦闷苦情。

当我坐上车离开昆明，看见远山的轮廓、看见宽阔的田野、看见浓密的树林、看麦穗金黄看见油菜籽饱胀、看见蚕豆秆整齐倒伏在农人的弯镰下、看见村舍、看见劳作的人们，我的心情得以鸽子般地放飞……

眼睛看着车窗外的景色，耳边一直是许巍《温暖》那歌里关于大理的一节：

我坐在我的房间 翻看着你的相片 又让我想到了大理／阳光总那么灿烂 天空是如此湛蓝 永远翠绿的苍山／我爱蓝色的洱海 散落着点点白帆 心随风缓慢地跳动／在金色夕阳下面 绿色的仙草丛里 你的笑容多温暖……

◆ 大理风光

耳畔回响着许巍的歌，看着这样的风景，朝着大理奔驰……

父亲50年代初在大理一中读了3年高中，他的家乡在保山昌宁，他不就近读保山一中，而是与几个乡邻同学结伴而行，翻山越岭，提防着艾芜在《南行记》里写到过的云南山林间存在的障疠之气，防着山林里随时可能蹿出的豺狼虎豹，硬是用双脚丈量过七八天的路程，抵达大理求学。现在问父亲为何舍近求远，他是不会说出个子丑寅卯来了，但我可以推定，当初我那见多识广当过马帮老大的爷爷一定给父亲描绘过大理城的繁华。父亲在翅膀长硬的青年时代开始对远方的大理有向往。小时候，父亲最常给我讲的除了家族故事便是有关大理的各种稀奇。父亲仅在大理客居了3年，而他记忆中大理的故事多了去，以至于他的同事朋友一直认为他是大理人。大理与保山，就是开车走全封闭的高速公路也得两个来小时的路途，保山到昌宁，就是开车走高等级的公路也有一个半小时的行程。父亲当年背着一个小包袱约上几个伙伴跟着赶马人，一路朝着大理的方向走，那是油然而生的情感。大理赶三月街的盛况父亲跟我叨过很多次，一个词：人山人海。后来电影《五朵金花》解禁，《大理三月好风光》的歌曲家喻户晓，父亲说，大理三月街就是那样子。

公元8世纪到13世纪，南诏国、大理国先后在现今的大理古城建都，称雄一时，完全不受唐、宋中央帝国的统治。它的地域辖区基本上相当于现在的云南省版图，历时515年。直至元朝忽必烈统帅的元军悄悄翻过海拔4000多米的天然屏障——苍山，灭了段氏统治的大理国（金大侠的《天龙八部》故事讲的就是大理国段氏时代）。大理这个独立王国在亚洲的地位可谓举足轻重。到今天，大理人生生不已地硬是文火慢炖地把自己生活的城池“煨”化成一个国际化的时尚旅游休闲城市，中外旅游者趋之若鹜。苍山洱海，风花雪月令大理成为世界著名的适宜人居的城市。以至于所有的大理房地产商都统一地喊同一个口号：我们把苍山洱海卖给你！

◆ 三月街划龙舟

自古以来，文人骚客赞美大理的诗行摞在一起恐怕高过苍山顶去，而我最记得的是诗人于坚10多年前说过的话——

大理，亚洲文化的十字路口。

我认为这是对大理有憧憬的人士必须记住的一句话，这句话令我浮想联翩：大

◆ 乡街子上人流物资汇集

理及大理人是包容的厚道的，是讲礼数讲法度的，是与时俱进崇尚入流的，是丰富妖娆水乳交融的，是主流的，更是开放的。诗人于坚这句话是对大理一锤定音般的高度概括。

三月街上最热闹的一个内容是骡马大会，既是马匹的交易现场，也是秀勇敢的现场。自唐、宋以来，“蹄质坚实，善于驮负”，且“尤善驰骤”的大理马，不仅远销到中原地区，还远销到缅甸、波斯等古国。

“三月街”兴隆兴盛起来，人流物资汇成的街市贸易中，外来文化来了，大理风物风情也传扬出去了。清代《大理县志稿》中是这样记写三月街盛况的：“盛时百货

生意颇大，四方商贾如蜀、赣、粤、浙、桂、秦、黔、藏、缅等地，及本省各州县之云集者殆（几乎）十万计，马骡、药材、茶叶、丝绵、毛料、木植、瓷、铜、锡器诸大宗大理交易之，至少者值亦数万。”

大理三月街之规模盛况，不仅在国内，即使在亚洲诸国中，也名列前茅。徐霞客1636年对大理三月街进行考察，在其《滇游日记》中，做了如实的记录：“十五日，是为街子之始，盖榆城（大理另一古称谓）有观音街子之聚，设于城西演武场中……十三省物无不至，滇中诸蛮物亦无不至。”

存续了1000多年，赶了1000多年的街市聚了人气、集散了各地物资，风俗文化在这街市上穿梭来去，1000多年的时光雕塑打磨出了今天的大理古城。

仔细地想一想，得天独厚的自然风物，历史文化的积淀交融，天地仁和成为必然，世界上任何一个别处都无以复制拷贝云南的大理啊。

大理，年年都要抽时间去朝觐的地方。

乡街子上的声色犬马

喜欢赶云南各地的乡街子，乡街子是了解地方风物风俗最好的场合。

在乡街子上总能买到些独特的东西，我就曾经在大理的乡街子上买到了白帆布制作的超大太阳伞，伞把长就有两米许，在城里夏日阳光下那些时尚浪漫的场合总像是有这样的遮阳伞。我买到的大布伞费了好大劲才弄回昆明，把它撑开来支在阳台上，竟然成了我新居的符号，惹得朋友邻居们都打听是何处买的。其实那种大伞就是乡下人摆摊时用来遮风挡雨的伞，100年前一个法国殖民者拍下的云南乡俗的老照片里我就看见过它的影子，我甚至也从宋人张择端的《清明上河图》里看见过它的影子。

每次下乡采访都要问问当地人何时是赶街天，采访之余逛乡街子是快活事。有的地方是隔三赶五，比如星期一才赶过的，要隔上3天，在星期五才再赶。各地的乡街子哪天赶，在哪里赶那是约定成俗的，当地人绝不会算错。一个坝子里头东山这边隔三赶五，西山那边就另一种规定，翻过一道山梁子可能又是另一种

细思量，大理三月街，这场在亚洲文化的十字路口赶了1000年的老街，年年在农历三月赶，赶在春天里。而或许在旧年的冬天里便开始酝酿准备了吧？又过了几年，我在某年的腊月间赶过一次正宗的乡街子，云南各地随处可见这样的乡街子……

◆ 乡街子上的本地小吃

◆ 热闹的乡街子

赶法，总不会重复，总是错开来，我想乡街子是农耕时代人们生产生活方式的一种遗存，分时分场合赶不同的街是囿于人们的生产力运营力的限制，只有勤劳的小商贩为了生计天天在转场。

从小在工矿地带长大没有纯乡土生活的阅历，下乡多了，我疑惑起一件事来，我虚心地问过别人：为啥我所到的每个地方都有猪街鸡街马街牛街呢？难道鸡街是专卖鸡的，猪街就是专卖猪的？

别人就笑我又痴又憨，告诉我：这鸡啊猪啊，其实是生肖里的鸡日鸡时猪日猪时，约定了，到了那属鸡的日子你就赶鸡街去。天长日久，赶鸡街赶猪街的地方也就顺理成章地成了那里的地名儿了。

这日还是到大理采访，去往喜州的途中恰巧逢着了一个“龙街”天，这里当然不是我们的采访目的地，晃眼看见路基下面的热闹，我大叫着让司机停车。

下了车跳下路基，我瞬间就汇入了这龙街熙来攘往的“声色犬马”中。

声，是那调子高高低低尖音辣嗓的吆喝声，是拖拉机、农用车的嘀嘀嘟嘟声，是猪哼哼狗汪汪牛响鼻马放屁驴吼叫鸽子的咕咕声，是人们的讨价还价声，这些声音统统汇在一起就是呜噜哇啦的乡街子上特有的街市之声。

色，是那大妈大婶围腰上刺绣的花朵，是布商用木尺一截一截丈量时的块面，是豌豆凉粉、雕梅、浸梨诱人的色香味。

犬马，是泥巴地场子上那些狗崽崽、猪秧秧、牛犊犊、鸡苗苗，秧秧苗苗本是形容农作物的小和嫩，用来叫小牲畜们就有了别一番滋味。看着那些似闭眼酣睡的小猪那些眼睛水亮的小狗，忍不住就伸手去摸它们。哎呀呀，所有的动物在年幼时都是惹人怜爱的，都是干干净净的，都是前途未卜的，都有股乳臭未干时的天真劲。我指望旁边围拢在一起扳着指头讨价还价的旧主人新主人们最终给它们安生。

想买两斤红皮花生回家熬汤，想买两个土陶罐回家插菊花萱草，想买点雕梅放在办公室当零食，想买块阴丹蓝挑了白花的白族妇女包头布——想象着把它压在茶几玻璃下的那种乡土趣味，还想买那新新鲜鲜的水灵灵的莴笋、葱姜、萝卜……

琳琅满目，我打算着回来时再买的。

采访归来，龙街散了。

原地只剩光秃秃的一个坝场，空落落的不见一个人。上午这块地盘上乡街子的喧嚣像是突然间就被大理那著名的风刮得不见了踪影……

冬日到丽江的纳西古镇束河去过，随行有一优秀的摄影记者。他给我拍的照片拿出来看了又看后，我觉得这青龙桥头被人踏刈了的石头才是束河的正宗……

束河青龙桥头的流光日影

关于束河，其实我该收笔了。我的文字或许应该游离到它的外面，去犁那些还没有被游客踏过的土地。

那天早晨，临去丽江机场前，我挤出一个小时的时间骑着云南的矮种马在束河里面走了一小遭。

当我下马时，自称马锅头的人跟我说，姐姐，走，我带你去一个没有开发过的村子。他谙知我这样的人会对什么样的地方感兴趣。

我问，咋去？他说骑马去。我问，有多远？他说去到那里待一会儿，再折返回来太阳就落山了。我向往地说，大哥，这次没时间了，下次去。

下次再去丽江，就去那些野村子玩，我自己叮嘱自己。

野村子？——这种说法很可疑啊，村子，因为有人，有屋舍，有井，有沟渠河溪，有田地，有鸡，有狗，有猪，有马，有果树，有菜畦，有粪塘，有鱼塘，有炊

◆ 束河古镇

◆ 喂马

◆ 卖首饰的纳西女子

烟，便成其为村子。凭什么就视其为野了呢？难道我内心自有什么核心价值体系？

我现在的观点是，视野之外那些在野的，我没有看见没有发现的或许才是我心的朝向呢。

一条小狗对我一番观察后，亲近了我。它把我当它的主子，蹲踞在我脚边磨蹭着，一个好奇的游客说，来玩还把狗狗带来呀？我说，不是我的狗。或许它是一只流浪狗，流浪在束河，很多人流浪在束河，这么说，它是一只浪漫的狗，小资情调的狗？在这和煦的冬阳下，我挨狗狗玩，他挨它玩，一玩就玩了好一阵。

云南之风物

我办公室里有一青花罐，器形大，自秋日起我就喜欢买黄菊来插，冬日里有丛暖调的菊花，人的心情就有点恬淡了，墙上“有酒食”3字是作家雷平阳的墨迹，摘自《论语》，我喜欢这字里的“俗”味道。食有，肚饱；酒有，人醉。我骨子里是烟火气的，如是我闻，我有玩物之癖好。

在枯干里找寻那一抹滋润

昨夜散步的时候，看见了若隐若现的一弯柳叶似的月亮，掐指算算，再过几天旧年即将过去。

在云南进入秋天，便会感觉潮润离我们而去，早晨醒来鼻黏膜干燥欲裂，稍不小心那些细小的血管就崩开了，哗地淌出一股热流——非得用温暖的血液才能自我潮润一下，饮鸩止渴似的。如是，心绪也因之干涸枯索了些，在家里在办公室泡好茶便不由地就用那飘散的水雾来熏熏干涩的眼，浅浅地润润那紧绷着的鼻孔，然后把茶水一杯一杯地喝掉，用保湿霜把皮肤敷了。

那天起了一个大早，不为赶着打卡，只是想趁着上班的人还不多，想到农贸市场的鲜花摊上买一束鲜花，冬季的云南鲜花不断，只是价格贵些。年年我都要买一大抱勿忘我，回来，插在土陶罐子里，不用水泡它，让它自然地阴干成干花，寻找我自认的那点禅意，觅一种意趣。

虽然去得早，却没有我想要的蓝色的勿忘我。后来便买了一把黄黄白白的小菊花，抱进电梯抱进办公室，美滋滋地插进了青花罐。

菊花的鲜活戗得桌上生日那天收到的用玻璃纸丝带包装得美艳的两束花失色不少。我走过去把它们捧起来，嗅了嗅，残香犹在。虽然有点不舍，还是抱着它们走出去，把它们放进走道上的大垃圾桶里。

套着黑塑料袋的垃圾桶盛装着两大束败了的玫瑰、百合，竟然一下子使晨光黯淡的走道尽头成为风景。一向，丢弃枯花败草时，我总不舍得，都因它们用美陪伴过我。家里的阳台上有一面墙上插满了紫色的勿忘我、银柳、情人草、丝石竹、越南小玫瑰，它们失去水分还有着别一种美。曾对朋友说过，它们是花尸却有花魂不去。花店里订制的花篮捧花，多用肉质肥厚花冠硕大的花朵，它们最经不起皱缩衰败。花朵细碎、花瓣薄的花却可以在生命的汁液尽失后在不易察觉的皱纹里摇身一变别具韵味，成为美丽的风干花。

不舍地盯着那两捧失色的花看了两眼。折身进办公室，看着青花罐里自己送给自己的花，想起人淡如菊这一个词。

干燥的季节，心绪烦躁不明方向，但是很快我梳理出了头绪，我的身心开始明确地寻找一种叫“滋润”的东西。

前日，晚间，在一家叫飘逸仙踪的茶馆里，我的眼睛遇到了一堆宝贝，它们以一抹沁凉润了我的心肺，养了我的眼。在瑞丽做玉石生意的常美华姐姐消失了一段时间后忽然打来电话让我去看她的宝贝。

点了降燥的菊花甘草枸杞茶忘了喝，数十件黄龙玉精品剔透莹润地摆到茶桌中央，赏玉成为要紧事。每一个盈握在手，它或许就引你想咬上一口了，像吃荔枝的肉，如吸溜滑爽的果冻。一件叫“硕果累累”的把玩件上玲珑养眼的每一粒果实，令我的舌尖在口腔里抿来抿去，馋涎欲滴，妄想着用一根粗吸管像吸食珍珠奶茶里的“珍珠”那般，意念里尽是吞占它的欲望……

这些深藏于滇西某处，2004年才发现认定的中国硬玉品种——黄龙玉的玉雕宝贝彻底滋养了我的眼睛。

那年在鲁院高研班听著名作家兼中国玉文化研究专家的白描老师说玉文化，他自解字开始，把玉文化作为中华传统文化的一条主脉来论证：从斜王旁（古时是玉字旁）的字讲起，凡与玉沾边的字义都是美好贵气的。在中国，玉器与青铜器同时融入国家的典章制度，作为国家的礼器。这在世界其他国家是没有的，唯有中国文化如此重视玉器。玉器的生产制作经历了以下功能演进：饰物，通灵神器、融入典章制度成为礼器，赋其人格化符号除祟避邪，成为文物珍宝……许慎说文解“玉”，说一个“玉”字里包含着“仁、义、智、勇、洁”。

今年攒下的私房钱在卡上归零后，我拥有了两件爱不释手的黄龙玉精品——水得要滴出汁液来的“年年有余”和“荷叶寿星”。把它们热爱进骨子里的时候，我有一个发现——这两件玉器竟然弥补了我身体的心理的精神的关于滋润的向往，所谓好玉，先是悦目后是悦心。

古人认为玉有超自然的能力，好玉才传世才值得收藏。我爱它们，它们是好的玉，从此无价。

在这秋的枯干里把玩着两件有灵性的玉雕，我的心润泽得要滴水。

◆ 玉器温润

◆ 莲子盘盛茶，负暄翻古书

在云南，家家有茶台，冬夜客来茶当酒，普洱熟茶的茶汤有如葡萄美酒。白居易在晚来欲雪的寒凉里突然对一个朋友发出这样一个邀请，被邀请的朋友该是可以烤着火对酌的朋友，是心与心可以面对可以相互取暖的吧？我要是在那样的时分收到这样的邀请，该多么欣幸啊！人生悲苦多于欢乐，世态炎凉自知，活在人世，寂寥多相伴，苦苦地寻求心灵的慰藉是人之向往。一首小诗里的酒和火炉尽管只是冰冷的无机的文字，可它就这样烘热了我，而我的禅便也在那一盏茶水间……

滇人的禅和暖在一盏普洱茶水间

禅。禅是什么？面对“禅”字，欲觅禅机，但脑子里会迷糊一片。

30年前，大学校园里第一次接触“禅”字，是选修了一门文科的课程，叫什么都忘了，只为了修满3个学分，现在只记得台上的教授用江浙普通话不断地从舌间里弹出“禅宗”二字，而教授当时流着鼻血，用卫生纸一堵继续讲得激扬……当年我之憨笨迷糊真是不好意思再讲啊。我之再“禅”，是因为买了胡兰成的《禅是一枝花》、卫慧的《我的禅》，还有《禅的故事》这几本书。枯燥晦涩的禅经哑谜，到得胡兰成笔下，乾坤腾挪，鲜艳激烈，柔劲清和。而后来一夜不眠读他的《今生今世》时像是参悟爱情的禅，得结论认为世人多恨的胡兰成并非薄情才子，他对每一个女人都很舍得都好，因而才女爱他、小护士爱他、乡村女教师爱他。与他有情的每一个女子的“好”，都直写得令人扼腕，心意难表。因是夜间通读，泪湿枕巾无数回，只觉得那个护士小周那个乡村的范老师相比张爱玲是何种模样？

一盏普洱茶水间

爱情的禅最后是过眼云烟，但记忆犹新，不过如是，如是！而有争议的作家卫慧这个上海宝贝躲了几年之后，写出另一部清醒的小说《我的禅》，买来觉得很好读，而且在无边的情色后，卫慧绝对不是肤浅女子，她是复旦大学的高才生，作品描写了一个从小出生在浙江普陀寺庙，在上海长大的女孩游历西方社会的种种经验，表现了这个有着东方文化传统血脉的年轻女性最后对东方文化的复归，小说思路清晰，不暧昧不晦涩，显示了这位特立独行的作家这几年的成长和成熟，读她的禅，真的觉得她修为精进了不少，悟了些道理。

从一个不讲究茶仪茶道茶境的爱茶人进入茶江湖的广阔，再借得《茶和禅》这样一本书，禅在我的生活里，从枯淡渐成为自觉自愿、一意孤行要接近的在水那方的神秘世界。胡兰成的禅在美人花间，卫慧的禅在各种城市时尚的旮旯里，我的禅大凡在茶汤氤氲间。

居上海的诗人漫尘作为一个中学老师来到云南的高寒山区宁蒗支教。我内心里是把自己摆在一个东道主的位置上的，自觉不自觉地代表父老乡亲们感激他。漫尘兄和他的同事们自发达地区来到边疆少数民族地区给贫穷落后的山乡送新知送温暖，除掉刚到云南时的新鲜，最终他们要担当生活的艰辛贫乏以及对远方亲人的思念。多年前我到西盟、沧源这两个佤族聚居的地方采访时接触过来挂职支教的上海人。在沧源我

遇见一位来自上海崇明区的中学老师，这位上海老师在另一张桌上吃饭，那次我们是采访当地一个佤寨的民族风情。得知我们是媒体记者后他一个劲地来套近乎，拿着佤族水酒不断地给我们敬酒。饭后他把我们带到了他支教的那所学校，那是个校舍简陋、条件极差的学校。这位老师操着上海味的普通话跟我们说，这里教学条件太差了，你们能否帮我们呼吁一下。那位老师姓甚名谁我现在记不起来了，单记得他皮肤基本晒得跟当地佤族同胞差不多黑了，他的酒量也锻炼出来了。那位上海老师本来只支教一年的，割舍不下对所教佤族孩子们的情感和责任，他又多申请留教一年。当地学生的贫苦他比我们还了解还急。被高原紫外线烤黑皮肤的上海老师至今令我难忘。

◆ 茶汤里倒映着别处的玫瑰花影，本身已是水草花石的表面又投影了另一枝草叶，它只是我们饮茶的一点意趣

这个冬天，漫尘兄的一首诗《寒潮来袭》温暖了我，我在那首诗后跟了一个帖——好诗！寒冷时分，在宁蒗，漫尘兄似可找一处有黑陶火盆烤着然后喝一碗酥油茶的地方，或可温了小酒与朋友对酌。祝你身冷心热，再酿好诗！

后来漫尘兄在帖后回复我白居易的一首诗——“绿蚁新醅酒，红泥小火炉，晚来天欲雪，能饮一杯无？”

看见回复的时候是下午三四点钟光景，窗外，昆明的天又高又远，无限辽阔，而我的内心却是冬日里最常有的苍凉无边。

文字是有能量的，白居易的诗在1000多年后通过漫尘兄的转达，令人悲欣交集。

冬天来云南，逛这昆明城，我有一条精品线路总是获得外省朋友的好评。一大早到云南陆军讲武堂，然后绕翠湖一周后往云南大学，爬会泽院前95级台阶，与“会泽百家　至公天下”的会泽楼合影，看熊庆来、李广田旧居，参观闻一多先生做最后一次演讲的至公堂，穿过云南大学校园的银杏路往西南联大旧址参观，最后走文化巷过昆明的洋人街，在著名的萨尔瓦多咖啡厅喝一杯咖啡，再顺从前西南联大的文化巨擘们曾走来走去的文林街，回到翠湖边再上中和巷的清代最后一位经济特科状元袁嘉谷的旧居石民间会馆吃滇菜……西南联大在昆8年，它对昆明这样一座城池对昆明人的影响是什么呢？可以比喻为现代的外来的奶油与麦面糅合然后煎炸而成的摩登粑粑么？

未央的摩登粑粑

有一年，《天涯》杂志的副主编王雁翎女士来昆明，中午带她吃了过桥米线，去了尚义街花市后，她提出来还想在临上飞机前的四五个小时内，去原西南联大校址看看，西南联大旧址是今天的云南师范大学。有这样想法的外省朋友还真不少。所以后来每次接待远道而来的外省朋友，我自个儿设计好了一条观光线路。翠湖边找一雅处吃饭喝普洱，然后步行穿过美丽的云大校园，走过三家巷口的一座人行天桥到前身是“西南联大”的师大去。

1937年抗日战争开始，北京大学、清华大学、南开大学迁至湖南长沙，组成长沙临时大学。1938年4月又迁昆明，改称国立西南联合大学。北大、清华、南开原为著名的高等学府，它们有各自独特的经历，有各自的教学作风，组成联大以后，汇集了一批著名专家、学者、教授，师资充实，人才济济。他们在极其艰苦的条件下，坚持严谨的治学态度，树立优良学风，是当时中国规模最大的著名高等学府。抗战胜利后，联大解散。

每次去师大的西南联大纪念馆，总有些新的感慨。联大纪念馆里可看的多只是一些珍贵资料影印件了，当那些著名人物的名字在眼前晃过去时，心湖里总泛起涟漪。那个艰难的时代，中国最优秀的人才汇聚此处，云南师范大学有这样的一个前身，足以骄傲啊。又是一年冬樱开，寒假将始，有如雷贯耳的西南联大为前身的云师大令学子们骄傲和向往。

据说师大学生入校第一课就是参观西南联大纪念馆，先听听联大著名教师的名字——吴大猷、周培源、梁思成、金岳霖、陈省身、王力、朱自清、冯友兰、沈从文、闻一多、钱穆、钱钟书、费孝通、华罗庚、朱光潜、林徽因、吴晗、吴宓、潘光旦等，再看看那些著名校友的名录——杨振宁、李政道、朱光亚、邓稼先、黄昆、彭珮云、汪曾祺、王希季、何其芳等，不消说了，哪一个不是大名鼎鼎！

西南联大是远去的辉煌，云南师范大学除了引以为骄傲外，承其精神衣钵那是没得说。

绕了半天我要说的摩登粑粑现在出场——30多年前我就读云大，因为与师大仅隔一条马路，特爱去师大找高中同学玩，混饭吃，因为迷那奶香味十足的摩登粑粑。那奶油和面做的油煎粑粑为何叫摩登呢？问同学，答SORRY。毕业后很多年，在汪曾祺的文字里我终于找到答案。原来，西南联大的女生们下了课，特别爱去附近的凤翥街上买一种面饼吃。这面饼只有一对夫妇会做，诀窍是在面里揉进黄油奶油。因为西南联大的女生们引领现代风尚，很MODERN，她们那般爱吃，这对夫妇做的粑粑就被喊成了“摩登”。汪先生解了我一惑，我又生一惑，那样的年代哪来的黄油？及至几年前我得知紧挨凤翥街的龙翔街口原来有一家昆明最大的马店，于是我便明白了。赶马帮的沿茶马古道把黄油这样的洋货从属过英联邦的印度、缅甸等国带进来是很自然的事，黄油揉进面里油煎了吃，那些赶马人也会教的。当然也还可以猜测的是，当年美国盟军陈纳德将军率领的飞虎队驻扎在昆明啊，会有人拿黄油来换鸡换蛋吃的。

◆ 西南联大旧址

如今，在昆明的饭馆吃饭，点主食，我爱点一打摩登粑粑，吃不完打包回家，还是那香啊。

大学毕业后，没再去师大食堂吃过饭，可是我笃定地认为师大的食堂里一准还有摩登粑粑，一届一届的学生在吃它，所以说它“未央”。而这一“未央”又牵出《未央歌》这本小说，它是西南联大毕业的鹿桥先生1945年完成的，在华人世界风行。是一部以西南联大和昆明为背景，描写抗日战争时期青年学生生活的小说，是部“以情调风格来谈人生理想的书”，入选了20世纪中文小说100强榜单。这本书引起内地人的关注，是因为导演李安拍张爱玲的《色戒》时曾要求所有演员都要读一读《未央歌》。几年前一部反映国民党远征军滇西抗战的热剧《我的团长我的团》播出，据说有一人物角色的身份是西南联大的从军学生。曾在联大纪念馆看到一个数字，抗战期间，西南联大主动投笔从戎的热血青年先后达800多人，联大校长梅贻琦之子梅祖彦就是其中之一。这样的历史线索，在黄仁宇先生的《黄河青山》里，在诗人穆旦的私人照片里我曾找到佐证。他们属于有知识的人才，多在滇西和缅甸北部丛林带兵抗战，他们中的多数人抛洒热血后牺牲。

在我住的大院里，不时地看见一个风烛残年的老太太，被她孝顺的儿子搀扶着散步，报社的前辈告诉我那是西南联大校长梅贻琦的侄女梅老师。我看那戴眼镜的老人家，她清癯的面目，真是酷似其伯父梅校长啊。基因血脉的痕迹是抹不去的。

未央的摩登粑粑里面有一股历久弥香的滋味。

云南之温泉

◆ 金平温泉

树木有年轮，时岁有四季，人生有盛衰，冬季或许对应人从盛年走向老境，那又如何？最美不过夕阳红，向大雁学习吧，从那难将息的冬寒里飞往温暖的南方。来一场泡温泉的冬季养生游。

每年的1月5日是哈尔滨冰雪节，我不知道，南方人往冰天雪地里去的时候，是逆旅么？当然，陌生的地方才有风景。北方人学候鸟飞来云南晒晒太阳，脱去厚厚的冬装，走进一眼眼温泉汤池，把僵硬的身子骨泡软？把狗熊般懒得动的猫冬变成一场穿着泳衣甚而是赤裸天体在星光下在树荫的罩拂里的诗意浪漫。把旧年的沉重卸去，轻轻松松地迎接来年，迎接春节春大的到来。冬天的欢愉在南方人去到冰天雪地的北方溜冰滑雪中，在北方人来云南温泉养生的欢愉里。

我在媒体上看见，2017年的1月5日，北方冰雪节的那天，云南温泉冬季旅游养生文化节在安宁正式启动。“云南温泉”这一深具云南旅游独特魅力的品牌产品正式打出。

云南全境约有1240处天然露泉，约占全国温泉总数的1/3，是名副其实的温泉名省，云南的滇西地处横断山系，是著名的怒江、澜沧江、长江三江并流区，地质构造特殊，温泉点位众多。泡天然温泉汤在其他省市属于奢侈享受，但自古以来，这种生活方式却是云南民众非常喜爱的休闲方式。云南的温泉产业使温泉旅游与休闲、度假、理疗、养生、运动、康体相结合，云南的旅游早从传统的观光游转变为休闲度假游、养生游。泡温泉悄悄地成了云南冬季旅游的新引擎，因为健康让生活更幸福已成共识。

云南温泉在中国首屈一指，昆明的安宁温泉素有“天下第一汤”的称许，温泉疗养文化自古有之——

一年到头全家最享福的集体出游

有关温泉，我最早听到的传说，是父亲给我讲的故事。说他们小时候，春节前，腊月间，一年劳累到头了，农闲了，终于可以不劳作不事稼穑了，这时候全家老少要集体出行一次，干什么呢？挑上柴米油盐，篓里显摆地装上腊肉、香肠、火腿、干巴什么的，还得腋下夹抱上两只养得肥壮的大阉鸡，一家人浩浩荡荡地往一个二三十千米外的地方去，去洗澡！

洗澡在父亲的说法里就是泡温泉。一家子霸着一眼热泉泡澡，泡不住了，上来吃些美食，再下去泡。一家子人泡上个三两天，泡够了，身上的污垢搓去了，全身心放松了，一年的劳累被烫热的泉汤消除，带来的食物也吃光了，一家子收拾行囊上路回家。那几天便是父亲记忆中一年到头最松活的日子，比过年还舒服，过年有好吃的有很多热闹可凑，可是也有多限制和礼仪，并不自在。

彩云之南，春城昆明以南，越往南边走，四季越不明显，一年大体就旱季雨季，云之南的冬天是旱季，而外省的人们春夏秋冬四季明显，现代化的暖热设备能给人们温情脉脉的暖意，但有热度的阳光普照和天然温泉的抚慰还是更有魅力。父亲的讲述令我神往那个他小时候最喜欢去的地方。

◆ 龙陵温泉

那地方叫“鸡飞温

泉”。“燠气熏蒸接太虚，净质微莹透石隙。”明代《顺宁府志》中对鸡飞温泉有这么两句描绘。

鸡飞？鸡飞狗跳，应是一处有热闹和欢喜的地方。一个个泉眼咕嘟咕嘟地讲述着它的往事。

追随着冬日暖阳，来到昌宁县城西南方向34千米的鸡飞镇，得天独厚的地理环境和气候资源，在这里雕琢出了一个犹如神话般的世界。石塔、石笋、石桌、石凳、石牛、石蛙、石狮、石虎，无不惟妙惟肖，栩栩如生。

最为神奇的，是关于被称为“天下第一自然偶塔”的两座石塔，与石塔相伴的温泉水里，流淌着一个神话：传说很久以前，在昌宁右甸坝鸡蛋山下遍布毒泉哑水，土著居民深受其害。为拯救众生，上天派下两名大仙点石成塔，指水为泉。这水既可食用，又可治病愈疾。可惜寨内一些纨绔子弟公然在热水沟屠牛宰狗，洗秽泼污。由此触怒了天庭，两大仙趁着雨夜拎起石塔，提起热泉向南飘然而去。行至甸南90里山间，惊起一对金鸡展翅高唱。二仙以为天明在即，石塔和热泉失手落地。他们一气之下，把热泉泼洒于岩缝间，把石塔捏成一男一女，罚其永远站立，彼此遥望。又向母塔头上泼了一把脏水，使其变得十分丑陋。只要有不善之意攀附，即会招来暴雨狂风。

现实中的偶塔，公塔由两块巨石相叠而成，形象魁伟如顶天立地的男子；母塔玲珑俊秀，塔身有泉水凝结的丝网纹络，如披着婚纱的少女，亭亭玉立。在母塔底部，有一汪热泉涌出，无论何时，它里面的水舀不完也不漫边。

鸡飞温泉，泉眼众多，澡塘遍布。经专家鉴定泉水为“碳酸泉”，泉内富含硼、钠、氟、钾、钙、镁、氡、硅、锰、钛、钼等30多种矿物质和微量元素，不同的泉眼所含元素不同，有不同的医疗效果。每年冬春季节，都会有许多当地和周边的洗浴者纷至沓来，贪恋此地泉汤洗浴最久者可待达数月之久。

“滇泉之温者，安宁为第一要绝，无砒硫气，可以愈风疾，鸡飞温泉其亚者欤。”这是明代被贬入滇的才子杨升庵（杨慎）在他的笔记中，对鸡飞温泉的赞誉。

地球之母汩汩泌出的热泉

腾冲向以奇异而壮观的火山地貌和遍地热泉著称于世。腾冲的地热显然是与火山活动相伴的，类型多，活动强烈，规模宏大，热气、热泉遍地喷涌，气势磅礴，自古以来就有“一泓热海”的美称。腾冲温泉对循环系统、消化系统、神经系统等疾病疗治效果世皆公认。打个比方，胎儿在母体里靠脐带获得营养，腾冲温泉是地球之母的肚脐，水雾蒸腾中，来自地球母体深处的矿物质结晶直接天赐给人们。

在腾冲泡温泉，总有一眼泉汤适合你，大众化、普及化是腾冲温泉最大的特点。当地人开玩笑说：“来时要人背轿抬拄拐棍，走时昂首挺胸健步走。”

想泡豪华型的温泉到热海，提一网兜布袋鸡蛋、山芋、红薯找一眼沸泉，直接靠来自地心的地热蒸熟了吃，正是得了天地独厚的妙处。想泡与大自然零距离接触的，就到樱花谷原始森林公园；想泡经济实惠勉强过得去的，就到欢喜坡；想泡私人空间一点的，荷花乡温泉是首选，那里有环境还不错独立包间，适合一人或两人泡；想要感受接地气一点的，就到黄瓜箐吧。

曾在腾冲当地上过地热熏蒸床，所谓床，是在地面上铺一层的松针叶，然后直接躺在上面，地下热气徐徐升起。人也松弛到欲仙之境。腾冲不像丽江商业气息浓重，也不像大理那般慵懒，腾冲是著名的侨乡，泡了温泉，在和顺古镇上漫步一下，你会看见财富在此堆聚的繁华。看见风雨亭，你会感动于从前那些去异国他乡淘金的男人对留守故里的自家女人的体贴，一切恰如其分，刚刚好。

在腾冲，你会在泡温泉后松弛的情绪里怡然自得，极目望向高黎贡的峰顶，放眼拓开内心的城池，廓清那些在大城市里累积的沉疴精神垃圾。

近年敢于闯荡天下见识过大世面的极边第一城之腾冲人，大着胆子以全球最高标准缔造了一个七星级精品设计酒店——“石头纪”。它以道教圣地云峰灵验山为背景，在主峰望东的半围合谷地“不老谷”铺陈开来。日本设计师隈研吾在其享誉世界的专著《负建筑》自己设问自己作答——除了高高耸立的、洋洋自得的建筑模式之外，难道就不能有那种俯伏于地面之上、在承受各种外力的同时又不失明快的建筑模式吗？那种与周围环境息息相关的建筑物难道真的不会出现吗？那种不再与周围环境相割裂的、非独立的建筑物难道真的不可能存在吗？如果建筑物像土地那样，又会怎样呢？

地球之母在腾冲的肚脐眼把神秘火山地底历经亿万年所孕育出的优质温泉，融入了云峰灵验山的天然灵性，在浮云、流星、大杜鹃花的陪伴下让浸于温泉的性灵感悟天地的厚爱是什么样子，想想就醉了……

去天然澡塘开个赤裸相见的会！

他们在岩壁下、石洞里、石缝中铺上干草，摊开被子，这里就成了他们7天临时的“家”。他们在这里，欢快地举行露天宴会，进行荡秋千、“摆时”（赛歌）、上刀梯、下火海（踩炭火）、射弩等娱乐活动。江边的几个天然温泉池他们天天都去浸泡，据说泡了能消除疾病，洗掉一年的过失和罪孽，以充沛的精力投入到新一年的劳作中。

下到那烫人的简易石砌的温泉澡池中。泡在温泉水中，洗去一身的污垢，舒展开筋骨，身心都打开了，男男女女，老老少少，在热气腾腾的温泉水中赤裸相见，一边搓洗，一边说笑，嬉戏打闹，其乐融融，好一幅人与自然和谐共存的画面。

早年一个云南的摄影人拍了一张澡堂会的片子参加了一个世界级别的摄影大赛获了个大奖，那张照片上热气蒸腾，男女老少欢愉的笑脸定格，自由自在的神情，一池欢笑幸福溢出。记不得这幅获奖摄影作品叫啥名了，我认为那是“澡堂会”的风情为世人开眼界的一个引爆点。

◆ 傈僳族澡塘会

“澡堂会”最初应该叫澡塘会，在云南的傈僳族的风俗里，大约有着200多年的历史了。澡塘会，其实就是傈僳族的狂欢节——

傈僳族澡塘会

傈僳族澡塘会——荡秋千

“澡堂会”最初应该叫澡塘会，在云南的傈僳族风俗里，大约有着200多年的历史了。“澡塘会”，其实就是傈僳族的狂欢节。据说，这种风俗是缘于傈僳人多散居于山里，人与人的交往受到交通不便的限制，缺少联系往来，澡塘会就是他们进行社交的盛大聚会。随着神秘的“澡塘会”声名远播，吸引来了众多摄影爱好者，据说，在“澡塘会”旁边的歪脖树上，蹲着、趴着、挂着、扛着“长枪短炮”抓镜头的摄影爱好者们，有时比洗澡的姑娘都多，而且这些人为了能抢到一个好镜头，可以在树上耐心地蹲上一整天。

当地人认为用这个天然温泉的水洗过，一年里都不会生病，所以又叫“洗百病”。洗浴完毕的，有的就静静地躺在温泉水中闭目养神，有的遥看飞鸟，有的若有所思。

那份乐在其中的闲适和无拘无束的自在，简直就是神仙过的日子！

云南之自在

前几天我在行走，在深浓的秋色里行走，直到走进这冬天里来。想一想，没有别样的运动方式令我更自在的了。观境自在，放我的心在自然天地间，便是无碍、纵任、自由。——

立冬了，送你一件暖心暖背的马褂……

今天是个节气，立冬。

冷是昨天开始的，在秋的最后一日里昆明几乎下了一夜一昼的雨。我感觉到冷，尽管气温在11℃，是昆明的气候宠坏了我。又或许是这一个月掉了10斤体重的原因。一冷，我的头颈便一甩一甩地打寒噤，吃了晚饭后我就想焐在被窝里。我启用了电热毯。

古时，立冬这一天皇帝会率领文武百官设坛祭祀，拜祭天与地，祈福风调雨顺。一年有四季，除了立冬，还立春、立夏、立秋，皇帝似乎不嫌烦琐，皆有正规的祭拜仪式。古时这些日子被赋予特殊的意义，一再提醒人们顺应天地自然物候。

自然其实一直庇佑着人类，人类需要通过一种郑重的仪式与天地对话，得天启。在古代上到天王老子下至黎民百姓都对天地取克己复礼之态度。在现代社会，人类睥睨一切，雄心壮志像受了刺激的腺体总在不断分泌泡沫状物。人类的生产生活方式改了天换了地，人类没那个耐心再遵从自然之节律了，违逆自然的事层出不穷。现代人似乎总在跟自然对着干了。

我们很多天赋的感觉器官钝化了，变得麻木且很愚笨。单拿个活命的食行为来说，现代人早已不应四季吃时蔬，偏反着来，喜食各种“改良”过的品种了，要的是

◆ 鹅掌楸，又名马褂木

色泽夺目、甜度足和香味浓。“改良”的目标一直在叠加人的这种欲求。自然本色恬淡的真滋味，人类已把它遗忘丢失。

随心所欲间拍到一株独立深秋的树木，学名鹅掌楸。后来一路找寻，那行道上还真就独它一株。这种树在昆明又叫马褂木，叶片大，形似一件马褂，木材珍贵，属木兰科。

本来我一直低头聚焦匍匐于地的细碎小花，是偶然直起身来的时候突然撞见光光的树干上这几片经霜的楸木叶。那叶片的形状、清晰的脉络、那锈红或深黄色的叶肉令我生了欢喜心，起了一丝暖意。

冬天了。冷不？陪我清欢，我送你这片形似马褂的楸木叶吧。我满心希望是送了你一件贴心贴肝的马褂，它热你前心窝还暖你后脊背……

这段时间，到了周末，脚不外出踩踩泥土地，天空即便晴着，也两眼一片灰。周日又去安宁石江书院了，朋友甲说晒太阳补钙去，朋友乙说翻晾心情去，我说去闲闲。给自己划的活动地盘越来越小了，惯性让我一年内数次去石江书院转来转去。——

石江书院闲陌上缓缓行

周日，在昆明郊县的安宁栉风沐雨。冬日，无雨，有风和阳光。

午饭后，朋友引领我们开车到达石江书院。

这地方叫石江村，书院的前身在100年前是一座古寺，叫连桥寺，后由当地乡绅办成四乡八里影响颇深的私塾，小学校。“文革”期间被砸毁。现有识之士盘租了它，变此桃源般的宝地为传承国学的书院，据悉书院里约有20位学历高的心气儿安静的女孩子在这里住着习字画画抚琴修行学习。

车刚停下来，迎面撞见两个着白色汉服的女孩款款走过。顿觉有些个迷糊，时空转换穿越。

上上下下打望一眼，在古院落的小侧门忽然洞见一片庄稼地，过去又见低处有闲雅安静的喝茶处，于是乎原本勾引我们爬山锻炼的安排便歇火没人提。

吃茶，吃茶去！

人家奉上的茶一口喝干，我便提拎上相机，下了书院高高在上的阶坎，下到了庄稼地里。

◆ 菜园边，天光云影

地里有一处草垛，冬天的暖阳下，那干草散发出的味道干爽而暖烘烘的，想躺上去。

池塘里天光云影徘徊来去，田垄菜畦绿油油一片一片。古时建这个书院的人可真会找地方，这个书院会是以后我常来的地方。菜畦一块一块地像棋盘格，这块种着小葱、青菜、萝卜，那块种着藜蒿、茴香、莴苣，逡巡来去，它是我心里的那亩地，越来越不被框定的我心里的那亩地。

当脚丈量的地方越来越窄的时候，我指的是双脚迈出去的方向以及双脚越来越局限地踩在田畴乡间的阡陌之上时，反而觉得心胸越来越扩大。

是不是活动空间的缩小反而逼出内心空间的开朗继而辽阔？

白日里来此闲坐品茗读书，然后间或着陌上缓行，眯眼逡巡，思耕心上田；夜晚温壶小酒与一二知己浅酌，再细细分辨高处书院里隔空传来修行女孩子抚琴的清音，闲看门中月。

那岂不是便做了散仙？

离开书院时恋恋不舍。安宁市境内隐着这样一个地方，心下欢喜。

人生就是转来转去，更多时就是原地打转，转走春夏秋冬，转走似水流年。心里的那亩地四季耕种，有荒年有歉年有丰年，又到岁末，惯性盘点，算得是个丰年。

冬日，挠挠玩心

冬天到云南看天蓝是一声吆喝，这声吆喝诱人啊。

冬日晴天的周末，睡到自然醒。身体要掀开热被窝也是有冷侵袭的，可是只要你掀开窗帘一看，天蓝得——醉人。那蓝像一曲乐章，立即把心扯飞。

昆明冬天最迷人的日子来了。

◆ 滇池草海帆影

多年前采访著名艺术策展人叶永青先生，大约是在冬日，东扯西拉的，说到云南的魅力，他抬眼看了一下蓝天，对我说：现在的昆明只要一句话就可把人引诱来了——喂，来昆明烤太阳喽！

今天要把背脊对着阳光好好晒晒，逼走积攒在颈椎腰椎及全身骨头缝里的酸胀痛，松弛酥软筋骨肌肉皮肤，伸个懒腰，撵走郁闷。

人生苦短，得把日子过舒坦了。

去哪里溜达？去世博花鸟市场！

啊呀，真老土，号吹自己爱玩，竟然不晓得世博花鸟市场是这般热闹。之前这昆明城头这样一个好玩场咋被我的视网膜网塌了呢？不该，不该呐。

是我先入为主了，以为，以为它就是以前景星花鸟市场那样，一些花摊，两排铁棚屋……

走进去，我就懊恼得直怪自己傻，不早些来，少过了两三年本可更好玩的日子，真是……

狗市花鸟虫鱼市潦草地逛一圈下来，抱着一盆打了骨朵的松子鳞茶花，一盆已雕刻好的水仙，心满意足地回家。

周日照例回父母家，牵上老父亲到海埂大堤走了一下，那年年光顾此地来自遥远的西伯利亚的朋友红嘴鸥和一树开得灿烂的冬樱花与我如期遇见——

在年复一年的相遇里，感谢上苍，我们都好好地生活着……

这冬日的，昆明的慵懒时光。

一年到头，冬日里，去官渡古镇听花灯调调的，看从前的人们如何打情骂俏——

◆ 粉色小蔷薇

粉团花花的爱情调调

云南的初夏，五月间，有一团一团的粉色小蔷薇爬过墙头或自成篱栅，人称粉团花，路过细嗅，一股类似玫瑰花的甜香飘过，令人喜悦。数朵铜钱大的小花簇生为伞房花序状，粉冬冬的一团。昆明旧时的女子最喜把这花一团地摘下来，耳边发髻上一插，脸孔香腮处便映衬了粉霞一朵，那娇俏模样男人见了身子会酥软。

夏天盛开的花花冬日里如何欣赏得到？

没事，近日研究昆明原住民的花灯小调，搜得一些有关花木的唱词，冬日农闲，请你去官渡古镇或者滇池周边的湿地公园里听听花灯小调，我称之为粉团花花的爱情调调：

你是哪家花上花——栀子花来芙蓉花，你是哪家花上花？妹是哪家天仙女？惹得小哥懒回家。

百样草木百样花——百样草木百样花，桂花不如毛瓜花；桂花谢了无人采，瓜花谢了才见瓜。

两个银毫打朵花——两个银毫打朵花，送妹戴在髻底下，鳏夫寡女配成对，哥爱风流妹爱花。（注：银毫指旧时银币）

栽花要栽粉团花——栽花要栽粉团花，选郎要选十女夸，哪料选着沾人草，人人笑我烂眨巴。（注：烂眨巴指眼睛不好使）

节令上的腊月，在昆明，每一个花园的深处都没有粉冬冬的粉团团的花儿了，但甜丝丝的粉团花花的花灯爱情小调是你可随处听到的。

手记：

我父母家所属的小区，各家各户的栅栏花墙成为我评分的第一道风景线。昆明人有福气栽种的花品太多了，单扳着指头数数，点缀篱笆花墙的花便有素馨花、金银花、迎春花、三角梅、大牵牛、小牵牛、紫藤、粉团花、炮仗花、凌霄花等。那素馨花和忍冬科的金银花不浓不淡的香一截一截地袭来，恰恰好，闻了直叫人有一种内心密绒绒痒酥酥的安逸。

◆ 冬日的炮仗花

看气象预报，全国大概只有云南、西藏这边晴着，其他地方要不阴冷要不遭遇罕见的雪灾。昆明冬至以来一直晴朗着，这样的天气弄得我冬天也要发春困，只想做游山玩水拈花惹草之事。——

◆ 水仙花

小阁已藏春

临近春节，我办公室里养了一盆水仙，花开正好。作家李霁宇先生看了，在博客上告诉我他给我写了幅字——李清照的词《满庭芳·小阁藏春》。我一激动想立马看见那字，便说大好天气里，又要过年了，大家找一好地方聚聚吧。于是在霁宇老师指定的川菜馆"外婆桥"雅聚。霁宇老师是成都人，少小离川来到云南，习惯了昆明的生活，但多少总还是惦念着老家的。

原本是想请李老师给我写李清照的《声声慢》，但他说那词过分悲切了些，写《满庭芳·小阁藏春》正好。我家里已请人书写了李清照的《凤凰台上忆吹箫》，李老师的建议真的好，家里挂一幅哀伤的词或许不太好呢。

露天的院子里微风疏竹，蕉影婆娑。刚刚离了婚的武侠小说大师沧浪客拎着一瓶啤酒赶来，醉态昭然，席间啥也不吃只絮叨他的"不幸婚姻"。我等劝说：你一大才子，为何还是爱才？才子配佳人便可，你偏偏又因那才女之文字乱了阵脚？沧浪客醉眼迷蒙，不知听见没有。原说芳草美人的，半生江湖，一世姻缘，怎么就劳燕纷飞了呢？花草无语，人何以堪？这个四十不惑之年的老才子还是上个世纪80年代那样子。

好大的尺幅，展纸细看——

小阁藏春，闲窗锁昼，画堂无限深幽。篆香烧尽，日影下帘钩。手种江梅渐好，又何必、临水登楼。无人到，寂寥浑似，何逊在扬州。

从来知韵胜，难堪雨藉，不耐风揉。更谁家横笛，吹动浓愁。莫恨香消雪减，须信道、扫迹情留。难言处，良宵淡月，疏影尚风流。

这词送沧浪客，叫他“莫恨”或许正好呢，我心下想。可才子沧浪客却随口说出《红楼梦》里两句诗让李老师给他写，我没听清是什么样的两句，过后李老师告诉我：大侠沧浪客要李老师给写“古今将相在何方，荒冢一堆草没了”。李老师感喟地说：沧浪客这时想的还是江山，不是美人呢。也许是美人已去，江山无色了罢？

在座的王美人看了那幅字后说：霁宇老师的字是有童子功的，我等再怎么练也追不上了，我得吸取教训，让小女自小就练习书法，不说要练成什么大家，只希望她能体会习字的美好过程。李老师的退休生活依然写小说，额外有了闲情，专门买了一张大桌子开始写字画画，他的博客粉丝众多，如此活色生香真是令我等羡慕。我眯着眼遐想：不如快点老，快些退休才可过这惬意的日子。

昆明的花价在春天将临时绷不住了，昨天我在菜市场买了一大捆杂色的香石竹也就两块钱，抱回家插进那大理乡间讨来的土陶罐里，临窗一放，家里就有了一股乡土味。可是那前天才插进去的香草这就扔了也是有点浪费，可是又一想这昆明的花价差不多成了草价，一天一换又何妨呢？别处省省，这细节上我该舍得，一天一换鲜花才不白做个无处不飞花的春城人啊。

家里一隅有鲜花，有暗香，便只想收拢心思，换上宽松的布衣坐下来，然后“插花焚香，烧水点茶”，泡一壶普洱，进入那茶禅一味的“和敬清寂”之境……

后记：色美如玉，冬去春来

这两日，嗅到了春天的味道。先是空气中有了小孩子零星的甩炮砸在地上，那一声脆响后一点点弥散开来的火药味。这气味我喜欢闻，是喜庆的年味，前味。这味因为还不是鞭炮齐鸣时的浓烈呛人，我因而要尖着鼻子使劲捕捉，吸吸。接着我还闻见了空气中的黏稠的花粉味，桌上的水仙儿开得不成气候却也有一两截短短的暗香飘过。等我过两日再到斗南的花市抱回一盆盛开的牡丹一盆大花蕙兰一盆水仙后，迎年的心情便会积攒堆聚成一种翘首以盼的姿态。竟然心底不时唱起《雁南飞》来："……雁南飞，雁南飞……雁叫声声心欲碎，不等今日去已盼春来归……"我是迫不及待等过年，因为冬去春将临了。

已龟缩到滇池边静静地等着过年的我，被一个横空射来的电话扯回城里。多时未见的老同学们纷纷西南飞，回来过年。这日子，几乎天天被召唤，我这做地主的跑得比兔子快。忽地就站在城中心熙来攘往的人群里，打电话问各个方向的同学们，竟然都还没出门。

只好逛店铺打发时间，拐来绕去地一逛，迷糊了方向，直到看见对门一个邮局的门脸，凭着20年前的记忆，算是定了个坐标轴，朝着选定的方向走。一年到头我其实很少出现在这样拥挤的地带。

正茫然四顾时，一个陌生的女子走到我面前，您是半夏老师吧？我晕，讶异地问，您是哪一位？她说，观察了您一会儿，认定您就是半夏老师，我天天读您的博客。

那一刻我一定脸红脖子粗了。忙问她是哪一位博友，她说，不怎么写，她的博名叫“阳光小虫”。这种相遇，在人群中，我不知所措。我说老同学聚会呢，有点找不到北。那当口，周围的高楼把我压在井底，让我要喘不过气来了。

慌张间想起包里有要送给外省同学的书，拿出一本来签上名给了阳光小虫。小虫说曾四处去买这本书，但一直没买到。她连声说谢时，我尴尬地想快快躲起来。

在时尚街区某食馆等来相约的同学们，照例的拥抱寒暄吃饭后，走路去了一老同学开的茶铺喝茶品酒到深更半夜。

年前的这末一场聚会在茶汤酒浆的助兴下，蒸腾发酵的情绪尽在脸上了……

其间，在手机上录下两句话：春临山含翠，色美如玉；冬尽茶养性，情真似蜜。

朋友横批来四个字：冬去春来。

冬去春来，亲爱的朋友们！